は じ め に

　この報告書は香川大学で人文・社会科学系の教員で組織するチームが瀬戸内海地域の将来を考えながら、現状につい面積が小さい場所である。そこに暮らすという　　　　　　　　　　　　　全く何の制約にもならないことが非常に明瞭な　　　　　　　　　　　ったり燃料に事欠いたりする。島の生活、最も　　　　　　　　　　　　　している
ように見える場所に、時代の変化が最　　　　　　　　　　　　　、少子高齢化の問題、限界集落の問題、今私たちが経験し解決を迫られている問題が、すでに数十年前から自分たちの問題であった地域である。島は社会の小さな変化が最も先端的に鋭敏に現れる地域といってもいい。

　今瀬戸内海地域の島は一部の島において、人口の自然減少という現象に直面している。社会移動による人口減少になるのではなくて、死亡によって人口減少が続く状態になっている。このままでいくと社会も人の生活も文化も消滅するとの危機を感じながら暮らす人もあらわれている。自分たちで終わりになるだろうとおっしゃりながら淡々と生きていらっしゃる老人の生活ぶりに接するとその生き方は見事にも思えてくる。

　私たちは別のことを考えねばならない。将来にも人が島に住んでもらいたい。島に生まれた人のUターンを待っているだけではままならない状況である。島に縁もゆかりもない人に住んでもらうことを考えなければならない。そのためには、島を好きになってもらわなければならない。その人は今の島の生活を否定的に考える人ではならない。今いる人の生活を十分尊重した上に自分の楽しみを見つけてもらいたい。島の面白さ、島の歴史の深さ、人々の生活の知恵などに、敬意を払いながら新しい島の姿を描ける人に来てほしい。私たちは島についての情報や考察を発信することは島に興味を持ってもらうことにつながると考えている。興味を持って何度も島に来てもらえる人を増やすことが、遠回りのようで、島に住む人を増やす一番の近道であると考える。

　私たちは、観光が島に来てくれる人をふやす有力な手段であると考えている。観光を切り口に島々の置かれている状況を研究者の目で切り取ったのが本書である。まだ始まったばかりの動きではありますが、長い目で、温かい目で見守っていただければ本当にうれしく思います。

2010年2月5日　　　　　　　　　　執筆者を代表して　　　稲田　道彦

目　　次

第1章　瀬戸大橋架橋4島の20年

稲田　道彦

1　はじめに

　瀬戸大橋架橋は日本国民にとっても巨大な事業であった。総工費約1兆1338億円がつぎ込まれたといわれている。四国の住民にとって長年の悲願とも言うべきこの架橋は、日本の経済成長の蓄積があって完成したといえる。この事業の児島・坂出ルート（瀬戸大橋）が全面開通したのは1988年（昭和63年）4月10日である。着工したのが、1978年であるから、9年6カ月を経ている。開通したこの時期は日本経済の所謂バブル経済がはじける直前に当たる時期である。それから2009年の現在まで、完成してから21年が経過した。開通に至る計画の時間を含めての期間には、バブル経済の好景気を背景に、瀬戸大橋の開通をきっかけにして周辺地域に壮大な発展の予測があった。今回取り上げる四国と本土を結ぶ結節となる島々においては、様々な経済効果が予測されていた。この地域が発展すると考える根拠は、日本国内でそれまでの第2次世界大戦後続いてきた右肩上がりの経済成長があった。投資すれば、特に土地にまつわる投資は、それが大きな富を生み出すという神話に近い日本国民の思い込みであった。この橋には本州と四国の両地域の結節点としての効果が経済的効果として表れることが予測されていた。瀬戸大橋架橋の橋脚を支えることとなった人の住む島は北から櫃石島、岩黒島であり、与島の属島の小与島にも人が住んでいた。瀬戸大橋完成後に経済環境が悪化し、好景気は縮小してしまった。ここではその4島の架橋以後の人口変動を中心と据えながら、4島の歴史的変化を考える。

2　考える論点

　一般に島は面積の小さい地域である。島で調達できる資源も、労働力にも限度がある。瀬戸大橋に関して言えば国家プロジェクトともいうべ

き、大型の開発が小さな面積の島を舞台においてなされた。島を変革することのできるチャンスをどう活かせばよかったのかという点を考えている。島という小面積の地域の開発がどうあったらよかったのか、約20年が経過した現時点で各島の人々の生活の変化を考えながら、島の開発について考えようとしている。今回取り上げる期間に、日本において、所謂バブル経済がはじけるという経済的な大きな変動があった。これは建設当

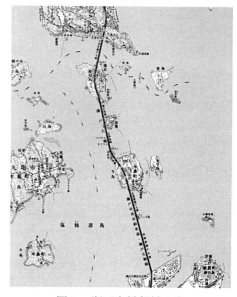

図 1　瀬戸大橋架橋 4 島

初には想像すらしなかった状況の変化であった。これから先の島に住む人々の将来を考えるときに、一つの視点だけではなくあらゆる場合を想定した可能性を考慮して、島の在り方を考えるきっかけとしたい。将来を想定するに、数年先を予測する物差し、20年くらい先を予測する物差し、100年くらい先を考える物差しがあるのではないかと考えている。今回検証するのは、20年くらいのサイズの変化であり、もっと長期の現象をながめるためには、長期的な日本国内の人口減少という現象が進行する中でどういう形で島に住むことがいいのかという問題とかかわってくると思う。

3　架橋以前の島の状況

　これら 4 島はもともと一つの行政単位を作っていて、昭和 4 年に坂出市に合併した。合併以前は与島村と言った。与島がこれら 4 島の中心地であった。さらに岩黒島は江戸時代末期に人が住み始めた島で、無人島に佐柳島から人が集団で移住してきた。4 島では櫃石島と与島が多くの

人が住む島であった。また江戸時代にはこの島を含む塩飽諸島に人名という身分制度があった。これが現在も見えないところで人々の生活を縛っている。

　人名は650人の人で、塩飽諸島に住む水夫に与えられた。1万石以上の扶持米を持つ人を大名といい、そして1万石以下の小名に対し、誰の支配下にも入らず個人の単位で自分で決済し生きていけるという身分が人名であった。江戸幕府にとって、船を操る人々を近くに置いておきたいという思惑が作った身分である。江戸幕府は100石以上の大型船をすべて壊させるなど、海運を大きく制限した。推察するに、江戸湾近くの江戸城に対して、大型船で乗り付けるクーデターにより幕府が簡単に倒れる事態を想像し、対処したのではないだろうか。諸大名に大型船を放棄させるのと同時に、いざという時のために自分のために働く船員を確保しておこうという狙いがあったと想像している。本島に人名の勤番所があり、年寄りという代表が政務をとっていた。秀吉や家康にとって戦闘時には特別の働きをした水軍の人たちも、平和な時代の江戸時代において、人名は江戸幕府の米を運ぶという役目を果たしてきた。港でも、漁場でも彼らの船は特権的な権利を有していた。幕府直轄の水夫として幕末のアメリカに行く咸臨丸には多くの塩飽の水夫が乗り込んだ。権利と義務を有し、自由な個人としてふるまえる現代人に比して、江戸時代の個人権利を有する人名が違う点は、地域においては、人名が支配者の側に立っていたことである。身分的に一人で独立できる人名に対して、塩飽諸島には人名以外の人も住んでいた。両者の間には、支配者・被支配者に似た、特権階級とそれを無視しては生きていけない人々の関係があった。

　650人の人名株も世代が受け継がれていくうちに断絶したり、株を他の人に買い取られたりしてなくした人や、売買や相続などにより、人名株を二人分以上持っている人や1/2持ちとか、1/4持ちの人のような部分株を有する人名も現れた。この事により人名の人数は増えていた。

　本島と並んで、与島には人名が多く住む島であった。人名は漁場や、船着き場で特権を有していた。彼らの船のそばには一般の船は一定の距離

以上近寄れなかった。人名の船が入港すると船着き場を空けなければならなかった。漁場でも人名の船が来るとそこでの操業を譲らねばならなかった。こうした人名の中でも有力者であった「年寄り」が住む島として与島があった。おのずと政治的に与島が付近の島で中心の島となっていた。

4　瀬戸大橋の架橋時の状況と各島のアクセスの問題

　瀬戸大橋架橋は全国民の注目のもとに開通した。かかるイベントの中心存在の大橋を見に行きたいという気持ちを多くの人が持った。瀬戸大橋を通って四国にわたってみたい。架橋の島を訪れてみたいという感情である。多くの人がパーキングエリアのある与島に降りた。

　瀬戸大橋開通後の自動車通行台数は図2のとおりである。開通した翌年減少したものの10年間ぐらい漸増した。1997年にピークを迎える。その後2005年まで減少した。その後現在まで増加する傾向にある。全期間を見渡すと交通量は緩やかに増加するトレンドにあるといってよい。

　後で議論する点であるが、この表からは瀬戸大橋の通行台数の減少によって観光地に人が集まらなくなったとは考えられない。瀬戸大橋の通行台数は維持または微増という傾向を持っている。

　島によって瀬戸大橋へのアクセスの方法は違っていた。地震や瀬戸大橋上の事故など不測の事態に備えるために、どこかの島に通行中の自動車が避難できる体制が作られる必要があった。大きな駐車場は与島に作られた。与島にパーキングと瀬戸大橋からの上りと下りの両方向に乗降する取り付け道路が作られた。この駐車場には与島プラザという高速道路のサービスエリアに相当する施設が設置された。さらにこのパーキングエリアから引き込み道路が作られ、約500メートル

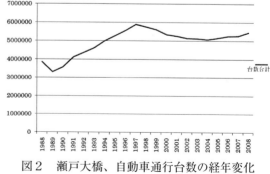

図2　瀬戸大橋、自動車通行台数の経年変化

先に第2パーキングエリアが作られた。この第2パーキングに付随してフィッシャーマンズワーフという巨大観光施設が作られた。当初は京阪電鉄が運営していた。一般観光客は両パーキングに駐車して、島内を徒歩等で散策することはできるが、車での島内への乗り入れはできない。同じく、岩黒島・櫃石島にも瀬戸大橋から取り付け道路が作られているが、島への入口にゲートがあり、島内居住者しか、このゲートを通ることができない取り決めになっている。これは開通当初に瀬戸大橋公団と島民との取り決めによって作られたものである。島民の意思が大きく反映されている。島民は島外の人が島に自由に入るのを拒絶したのである。岩黒島はさらに条件が悪い。瀬戸大橋に通じる取りつけ道路が上り下りの両方向に対応していなくて、上りは岡山方面下りは坂出方面しか接続していない。この逆を行こうとすると隣の高速道路出口まで行って引き返すことになる。自動車交通に対して、島をクローズにするのか、オープンにするのかどちらの選択がよいのかという点である。これも島の将来を考える際の大きなポイントになると思われる。

　島民への聞きとりによると瀬戸大橋の利用料金は瀬戸大橋通行料金の半額である。また島民の誰もがこの通過パスを持てるというのではなく、島内の自動車保有家庭の免許を持っている人に限るなどの厳しい条件が課されている。料金が半額でも島民が坂出まで通勤するとなるとかなりの料金を払うことになり、島民の自動車通勤はほとんど聞くことがない。子供の養育のため、島民パスで1か月間自動車通勤をした人が月に20万円近くの高速代を支払ったと言われていた。続かなかったそうである。2009年4月からの土曜と日曜の高速料金1000円に対応して、島民は20％に通行料が引き下げられた。逆に土日祝日は島民が当初に比べるとかなりの減額となっている。瀬戸大橋の通行料が高いことにより通勤者はバスを利用することになる。そのバスも利用者の減少から、開通当初に比べると運行本数が現在ではかなりの減便となっている。しかも与島で琴参バスと下津井バスとを乗り換える事になっている。

5　人口の変化

　表1で取り上げた最初の時期、1960年は日本において高度経済成長が始まった時期である。農村部から都市部への労働人口の社会移動が始まった時期である。高度経済成長期、バブル破綻期という時期を通して、島の人口の変化を考える。期間は2005年までの45年間である。国勢調査結果の人口減少率から言うと、小与島の減少率が最も大きい。次が与島である。人数としての人口から言うと、主島である与島の人口変化が際立って大きい値を示している。一般的に想定されるモデルとして、大きな面積で人口の多い島に比べて、面積が小さく人口も小さい島の人口減少の方が際立って進むと考える。人口規模の大きな島は産業や社会組織が安定的に維持され、人口減少の程度が小さいと想像している。しかしここに起きている現象はその逆である。小与島はこのモデルとおりであるが、与島は違っている。また岩黒島の動向もこのモデルとは違う。人口規模が小さいのに、減少率が最小となっている。これらの島では一般的に想定される人口減少の傾向とは違う4島独自の特殊な要因が働いたのではないかと考えられる。それが瀬戸大橋架橋という社会事象とかかわるのかどうか考察してみたい。

　瀬戸大橋の工事が始まるのが1978年、瀬戸大橋開通が1988年であるから、工事着工前の1975年の4島の人口は与島、櫃石島、岩黒島、小与島の順となっている。完成直前の1985年の人口は与島と櫃石島の人口差は大きいものとなっている。1985年の人口の突出は工事関係者の移住による人口増加を反映している。開通後の1990年には、櫃石島と与島の人口差は大きく、与島の人口は5年前の半数近くに減っている。

表1　架橋4島の人口変化（国勢調査）

年	1960	1965	1970	1975	1980	1985	1990	1995	2000	2005
櫃石島	632	538	418	403	389	355	341	285	259	236
岩黒島	199	182	145	129	130	97	104	102	98	96
与島	938	797	685	529	361	570	277	230	180	142
小与島	133	122	106	82	47	37	35	24	12	6

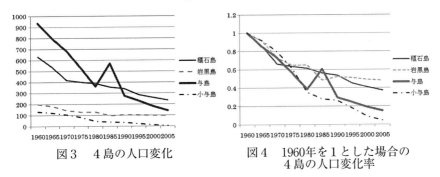

図3　4島の人口変化　　　　　　図4　1960年を1とした場合の
　　　　　　　　　　　　　　　　　　　4島の人口変化率

6　学校の変化からみた島の変化

　4島の社会変化を知る上で、児童生徒数の変化が島の姿を特徴的に示していると考えている。表2でとられている期間は瀬戸大橋架橋開通の1988年に先立つ1985年からの児童生徒数の変化の表である。まず読み取れる事は与島の児童生徒がいなくなることである。児童が2000年（平成12)年より、中学校生徒が2002（平成14)年よりゼロとなった。それが続き、2009年に公式にも廃校となった。与島は諸島の主島であり、瀬戸大橋架橋時には、周辺諸島の学校が廃校になっても与島に統合することを考え、近代的設備を有する学校に小学校も中学校も建て替えられたという経緯を持つ。完全に学校に関する限り当初の島の発展の予測が外れたといえる。

　架橋後の変化を見てみるとする。4島のうち学校があったのは3島で、小与島は与島に通学していた。1980年当時与島と櫃石島の人口は同規模で、櫃石島の人口が若干大きい数値を示している。岩黒島は半数程度である。児童生徒数の変化は人口規模を反映しないで、与島の激減となる。最初から児童生徒数の少なかった岩黒島では減少しながらも在学生を得、現在も学校が存続している。

　どうして与島から子供がいなくなったのだろうかと、島の人に聞いてみると、子供が少なくなるのは分かっていたし、だんだんといなくなった。島に住む人の孫世代に当たる子供たちが親とともに対岸の坂出に移り住み、本土の学校に通い始めた。島に近いため度々休みには帰ってく

るし、本宅はこの島であり自分たちの身近に子供がいると思っていたため、それほど大きな問題と考えていなかった。しかし島の学校に通う子供がいなくなり、いつの間にか学校がなくなったという感想であった。学校がなくなり、子供がいなくなって地域社会の大きな変貌に気付き、賑わいがなくなり火の消えたような感覚になってしまうとも言われていた。今島に2人の児童が居住しているが、学校がないためバスで坂出の学校に通っている。学校がなくなることの影響を全く想像しなかったと与島の人は語っていた。生活空間に子供の世代を欠くことは社会の活力として大きな喪失感がある。

一方で児童生徒の規模では全く小さかった岩黒島に今も学校が存続している。若い人が島で生活できるのは、島に産業があるからである。漁業を中心とした産業である。若い親たちが子育てをできる環境があることが島において望まれる要件の一つである。

　櫃石中学ではNIE（新聞を教育に生かす運動）を進めている。2009年に彼らの作った新聞が全国表彰をされるほど活発である。生徒数が少ないことを逆手にとって、一人ひとりにきめ細かな指導ができるという教育活動を取り入れている。子供たちが表彰されるほど素晴らしい成果をあげている。このことは島の人々の誇りにつながっていく。島全体が一つのコミュニティとしての良い方向に向かう運動体的な性格を持ち、前進する姿勢は中学校が島の活力の一つの中心になっているとの感想を持った。2009年の櫃石小中学校の運動会に参加したが、子供を中心とし

表2　小中学校の児童生徒数の変化

	昭和60	61	62	63	平成1	2	3	4	5	6	7	8	9	10	11	12	13	14	15	16	17
	1985	1986	1987	1988	1989	1990	1991	1992	1993	1994	1995	1996	1997	1998	1999	2000	2001	2002	2003	2004	2005
小学校児童数																					
与島	26	21	20	18	16	18	16	14	14	12	11	8	7	7	5	0	0	0	0	0	0
岩黒島	12	13	11	10		8	9	8	7	7	9	7	7	7	4	6	3	6	7	8	9
櫃石島	36	33	26	21	15	15	11	11	10	13	13	12	12	10	9	6	7	8	8	11	10
中学校生徒数																					
与島	15	17	14	14	10	9	11	9	9	8	8	7	6	9	5	2	1	0	0	0	0
岩黒島	6	4	5	6	9	5	5	4	5	4	4	4	3	4	5	6	5	2	1	1	1
櫃石島	16	19	24	20	20	13	15	12	13	6	3	2	6	4	9	9	8	5	4	2	4

て島が一体になっている印象を持った。

7　島の変化の背景

　瀬戸大橋架橋以前の各島の産業別就業者数をみる。表３は産業分類別
就業者数を示している。昭和60年度（1985）と平成12年度（2000）の値
を比べて変化をみる事にする。架橋以前の時代では、島の産業が島ごと
に特化していた。与島と小与島は石材業が主要産業で櫃石島、岩黒島は
漁業が主要産業であった。与島と小与島は石材採掘、石材加工という技
術系の仕事であった。小与島と与島からは花崗岩が産出した。島そのも
のが花崗岩でできている。人々は島を作っている岩盤を削って産業とし
ていた。昭和60年国勢調査の与島の鉱業従事者が25人、小与島が１人で
あった。彼らは石材の切り出しと、石材加工業に従事していた。また石
材業に関連して、島から船舶による消費地にむけての石材運搬業も与島
の主要産業であった。加工製品としては重い石材を運ぶには海運が最も
コストがかからず、どこにでも船をつけれる便利さがあった。これが島
に石材業が立地する大きな要因でもあった。両島の石材産出の石切り場
を持っているのは江戸時代から人名の家系を継ぐ家であった。この人々
の土地がかなりの面積を占めていたと聞いた。地主である事業者は多く
の従業員を使い石切りを行ってきた。とれた石材は与島・小与島の石材
加工業者によって製品に仕上げられた。小与島では特に石材採掘と石材
加工が高密度に立地していた。島の山の形を変えるほどの石材採掘がな
されてきた。

　これらの石材業も島の石材を取りつくし、島の北部に大きな穴をあけ
るまでになり、資源枯渇が問題となることは大方の予想であった。この
時期が瀬戸大橋の架橋と重なった。与島・小与島の石材採掘は瀬戸大橋
とともに廃業した。また加工業も材料が断たれ廃業していった。石材業
廃業は石材運搬業も廃業に追い込んだ。与島と小与島は主要産業が失わ
れた。島の人々がこれからどういう産業で生計を立てるのかは大きな問
題であった。ただ瀬戸大橋架橋に伴う補償金が新しい形の生計を立てる

ことを可能にした。これらの資金をもとにして、与島、小与島ではなく他の場所に移転して、新しい形で生活をすることを選択して島を後にした。

　与島では観光業が新しい産業に育つことが確信された。与島には大きなパーキングエリアが設けられ、第一パーキングのそばには与島プラザ、さらに広い第二パーキングに付随してフィッシャーマンズワーフが設置せられた。通行客はこの駐車場に車を置いて、徒歩で、島内を自由に散策できる。島外の人にとって車で乗り入れできる島になっている。しかし当初多くの観光客を集めていたフィッシャーマンズワーフが廃業した。当初20億円あった売り上げが2億円に減ったという。バブル経済がはじけたという時代背景と、観光資源としての瀬戸大橋が人を引き付けなくなったと分析する。高料金のため瀬戸御橋の通行量が減ったという分析もあるが、少なくとも量はそれほど減っていない。

　フィッシャーマンズワーフは鳥取県の建設会社に買収され、今も営業しているが、当初の集客力はない。店内もいくつかのブースが撤退をしている状況である。ただ土曜日曜の高速料金の1000円という動きの中で土曜日曜には観光客数が増加しつつあるとの感想を聞いた。瀬戸大橋を何度も通過する通行者が多くなり、新規の客層が訪れなかったのが、この動きで新しい人々をつかみかけたとの観測もある。

　面積の小さい島で大きなプロジェクトを存続させるためには労働力も、材料も商品も全て島外から運んでこなければならない。与島で暮らす島民の生活とは乖離したところで巨大観光業が営まれた。この形態の観光業によっては島の人々の生活は豊かにならなかった。

　小与島では石材業が廃業した後に、広大な空き地が出現した。開設当初の与島のにぎわいを目にして、隣島の小与島にリゾート産業が進出を図った。土地を買収し、島民に立ち退き買収を持ちかけ、島を企業の企画する高級リゾート地に作り上げる案が浮上し、土地の買収も進んだ。島の北岸にはオレンジ色の屋根瓦のホテルが建設された。このホテルが数カ月営業して、このプロジェクトは破綻した。島の大半の土地所有を果たしていた企業の破綻は地元にも不安定な状況を生んだ。2009年この

ホテルだった建物が国税局によってインターネットを通じた入札が行われたが、誰も買い手がなかった。税金として国庫に納められたことが推測される。現在も小与島には住んでいる人がいるが、交通機関は自分たちの船で与島と小与島を移動している。多くの人が現在の小与島の置かれている状況を望ましいとは考えていない。

　瀬戸大橋架橋に際しては多額の保証金が支払われた。その詳細は今も秘密のままであるが、架橋によって生活の変更を余儀なくされる人や、橋脚造成の用地として土地を収用される人には多額の保証金が入ったと言われている。架橋によって廃業が余儀なくされる石材業関連業界には多額の保証金が支払われた。住宅などの建設費に使われたといわれる。そして本土の坂出市に住宅を作り、坂出市と与島と二つの住宅地を維持することもなされた。

　櫃石島、岩黒島では住宅建設費にも使われたが、主要産業の漁業への投資ということで、漁船や漁船の装備品、網などの漁具に使われ、漁業へ投資された。これで一気に漁船の近代化が進んだ。

　与島には旅館や民宿の宿泊業が瀬戸大橋開通時にはあったが、現在では全ての宿泊業が廃業した。それに比して、岩黒島では宿泊できるところが瀬戸大橋開通時にはなかったのに、現在では3軒の民宿が成立している。人口も少なく見どころも与島に比べて多くない岩黒島で民宿が成立するのはなぜであろうか。島の漁師のとる新鮮な魚を供する民宿としてお客を集めるようになった。安くておいしい魚を食べさせる民宿として成立した。島の産業と観光が結び付いた。島の女性にとって新しい就業の機会ととらえられた。瀬戸大橋の架橋が新しいきっかけを作った。高松から、週末に岩黒島にタコメシなどタコ尽くしの料理を食べに出かけるツアーが組まれるほどである。岩黒島に若い世代がとどまり、児童生徒をコンスタントに育てる仕組みは、産業としての漁業を島の中心に位置づけ、新しい観光という産業と組み合わせて地元の産業として育てる島の人が総体としてもっている熱意を感じる。

　櫃石島では島の産業として漁業に特化した。島ではタイラギの潜水漁

表3　　4島の産業分類別就業者数

			（平成12年国勢調査）				（昭和60年国勢調査）			
			与島	小与島	岩黒島	櫃石島	与島	小与島	岩黒島	櫃石島
就業者総数　A（B＋C＋D＋E）			77	0	36	114	403	21	32	183
第1次産業	農業	（人）	0	0	0	1	0	0	0	10
	林業	（人）	0	0	0	0	0	0	0	0
	漁業	（人）	1	0	21	61	3	0	20	97
	小計　B	（人）	1	0	21	62	3	0	20	107
第2次産業	鉱業	（人）	15	0	0	0	25	10	0	1
	建設業	（人）	11	0	0	0	288	0	3	33
	製造業	（人）	2	0	1	10	5	10	0	3
	小計　C	（人）	28	0	1	10	318	20	3	37
第3次産業	電気・ガス・熱供給・水道業	（人）	0	0	0	0	0	0	0	0
	運輸・通信業	（人）	15	0	0	7	54	0	5	5
	卸売・小売業・飲食業	（人）	17	0	5	16	8	1	1	9
	金融・保険業	（人）	0	0	0	0	1	0	0	0
	不動産業	（人）	1	0	0	0	0	0	0	0
	サービス業	（人）	11	0	9	19	15	0	3	22
	公務	（人）	4	0	0	0	4	0	0	3
	小計　D	（人）	48	0	14	42	82	0	9	39
分類不能　E		（人）	0	0	0	0	0	1	0	0

業が高いもうけとなっている。網やタコつぼによる漁業も好況で島の人の生活を支えている。漁業の資源の将来の不確定性の問題はあるが、他地域に比べて櫃石島周辺の広い漁場を有する漁民は漁業により安定的な将来像を描いている。櫃石中学の中学生が漁民になることを述べられた。将来に続く漁業を考え、さらにそれを地元でうまく活用できる付加価値を加える事のできる産業を生み出す必要を感じた。若いエネルギーをこれにつぎ込むことにより可能であろうと感じた。子供のいない与島に比べて、島の将来を考える若い世代のありがたさをつくづく感じた。

8　考察

　瀬戸大橋の足もとの島々は架橋の前と後で島々の生活の基盤が大きく変わった。それぞれが島を発展に導き自分たちの生活を向上させようという動きの中で21年を過ごした。21年が経過してその動きの結末が見えたものもある。それは決して架橋時には想像もできなかった現象であ

る。この動きの背景には1990年代2000年代の日本の経済の変化がある。いわゆるバブル経済がはじけて成長経済から安定経済に向かって経済の大きな方向が変わった。この中での20年間は当初の予想にまったく反するものであった。

　これら４島の中で主島であった与島の変化が象徴的である。人口の大幅な減少と小・中学校の廃校という問題として表れた。架橋当初の予測では、与島にはいくつもの大型投資がなされ島が瀬戸内海の中心のように大発展をするような夢を描いた。島で行えるレジャーが与島に行けば可能になるような夢をも描いた。島に投下された大型投資が、島の発展につながらなかったという判断をしてしまう。私には島という社会はサスティナブルな発展が最も望ましいと考えてしまう。観光という行為でも大型資本を投下した与島の施設よりも、島の産物を活かして自分の生活の延長上で小さな産業を発展させた岩黒島の民宿のような投資の方が望ましかったのではないかと考える。今住んでいる島の人を巻き込んだ発展でなければならない。その発展の基盤である島の社会が衰弱したのではさらなる発展を描きようがないと考える。大型投資を一律に否定するものではないが、島の人を巻き込まない投資は長い間の産業の維持発展につながらないという感慨を持っている。

　３島は実質的に橋により地続きになった。島を外部に対してオープンにした与島と、地続きになりながら今までの外部との交流関係を変えまいとした櫃石島、岩黒島の対応は違っていた。この対応を今の時点で考えると、クローズにしながら、内部の社会の充実につとめた櫃石・岩黒タイプの対応が時代の選択として正しかったのかとも思える。次の20年はまた違った結果につながるのかもしれないが。いずれにしても地域の社会をより充実させる方向で働いた社会が長続きすると考えている。そして他地域から乗り込んできた大型開発よりも、住民自身がその産業活動の一部に組み込まれているサスティナブルな開発モデルが島のような小さな空間ではより適切であると考えている。

第2章　離島振興と観光─島の内側の視点から─

室井　研二

問題の所在

　リゾート法（総合保養地域整備法）、5全総、観光立国推進基本法の制定など、ここ20年ほどの間に地域振興の糸口を観光や交流人口の拡大に探ろうとする政策が立て続けに打ち出されてきた。香川県でも瀬戸大橋開通時にはリゾート開発（瀬戸内・サンリゾート構想）に一方ならぬ力が注がれた。最近ではベネッセが主催する瀬戸内国際芸術祭が注目を集めている。「観光による地域振興」は今やブームの感がある。

　しかし観光がどのような意味で地域の振興に結びつくのかは必ずしも明確ではない。実際、観光の対象となる地域の現状は想像以上に厳しいものがある。香川県の離島を例にとるなら、そのほとんどは存亡の危機に瀕しているといってよい（表1）。対象となる地域の社会経済的現状や定住条件を明確にした上で、観光振興がそれに及ぼす効果を冷静に見

表1　香川県の離島：人口動態と少子高齢化の現状

	人口動態			高齢化率 （2005）	小学校児童率 （2005）	世帯規模 （2005）
	1965	1985	2005			
豊島	2,815	1,757	1,141	42	34	2
直島	6,378	5,034	3,476	25.1	161	2.4
男木島	774	400	189	54.4	6	1.7
女木島	771	410	212	49.6	─	1.9
櫃石島	538	355	236	40.2	10	2.5
岩黒島	182	97	94	32.7	9	3
与島	675	570	142	47.8	─	2
本島	1,881	1,154	605	45.4	23	2
広島	1,702	943	351	56.1	2	1.7
手島	441	133	54	76.4	─	1.5
小手島	242	152	51	21.9	2	2.3
佐柳島	744	295	146	74.1	─	1.5
高見島	516	228	73	70.3	─	1.7
粟島	1,548	831	349	58.8	─	1.8
志々島	556	121	30	93.2	─	1.2
伊吹島	2,866	1,624	793	38.1	20	2.5

定める必要がある。

　筆者は2007年に豊島（香川県土庄町）、2009年には豊島、直島（香川県直島町）、与島（香川県坂出市）で調査票による意識調査を行った[1]。離島の生活の現状や離島振興の方向性を把握することを目的とした調査であり、観光に関する質問項目もいくつか組み込んでいる。また、意識調査と逆行して現地の住民リーダーを対象とした聞き取り調査を実施した。これらの調査データから浮かび上がる離島の生活の現状や観光に関する住民の意識を提示し、離島における観光振興の現状と課題に触れることが本稿の目的である。ただ、この調査は現在進行中であり、本稿はその経過報告的な位置づけにあることを最初に断っておきたい。

1.　大規模観光開発―与島―

　瀬戸大橋建設事業では３つの有人島が橋脚となった。与島、岩黒島、櫃石島がそれである。なかでも与島は架橋とそれに伴う観光開発によって最もドラスティックな変貌を遂げた島である。バブル期の大規模リゾート開発が地域に及ぼした影響について、与島を事例にみておくことにしたい。

　瀬戸大橋建設は巨額の国費が投入された巨大公共事業である。そのため事業の実現に向けた地元自治体の取り組みは中央省庁への陳情活動が先行し、現地対策は後回しにされた（瀬戸大橋架橋推進香川県協議会1989）。与島、岩黒島、櫃石島を橋脚とした坂出―児島ルートの決定も安全性や経済的効率性の観点から行われ、地元への事前の意見聴取は行われなかった。1971年に連合自治会を対象とした説明会が初めて開かれるが、それは住民にとっては「寝耳に水」の出来事であり、説明そのも

---

[1] 意識調査の概要は以下の通りである。

	［サンプル］	［有効回収率］
2007 年豊島調査	有権者名簿で無作為抽出した 300 人	58.3%
2009 年豊島調査	有権者名簿で無作為抽出した 285 人	62.2%
2009 年与島調査	全世帯主（65 人）	84.6%
2009 年直島調査	電話帳で無作為抽出した 305 人	82.0%

のも既決事項の事後報告という形で行われたため、住民の戸惑いや不安は大きかった。島が瀬戸大橋建設事業を受け入れたプロセスについては鰺坂・磯部（1987）や奥田（1989）ですでに克明に分析されているので、ここでは現在の時点から開発が島にもたらした影響を幾つかの観点から整理し、評価しておきたい。

1-1　産業・雇用への影響

　与島の中心的な地場産業は採石やそれと関連した海運業である。しかし、架橋事業の話が浮上した頃には島の石はかなり掘りつくされており、石材業の将来展望は明るいものではなかった。住民は協議を重ねた末、石材業に見切りをつけ、観光開発に地域振興の望みを託す決断を行った。

　開発が与島の地域経済にもたらした影響として以下のようなことが指摘できる。

　第1に、土地の売却による利益がもたらされた。架橋事業の実施が決定されたことで地価が高騰した。とりわけ与島では架橋事業に付随して大型駐車場や観光施設の建設が行われたため、他の橋脚の島と比較して地価の値上がり幅は大きかった。建設予定地に土地や石材営業権をもつ住民はそれを売却することでまとまったお金を手に入れることができた。不動産収入は家の増改築などに充てられ、坂出に家を買った住民も少なくなかった。

　第2に、住民の転職がすすんだ。主な転職先は、（1）架橋に伴って設置された観光施設（与島プラザ、瀬戸大橋京阪フィッシャーマンズワーフ）、（2）橋脚や観光施設の建設にかかる土木建設業、（3）坂出市の事業所や会社である。（1）は瀬戸大橋観光開発の目玉として建設されたもので、公団や企業側も島民を優先的に雇用するなどの配慮を行った。島民が就いた職種はレストランの給仕、土産コーナーの販売員、遊覧船の乗組員などである。（2）は石材業に従事していた島民にとっては転職が容易な職種であった。また、建設資材には与島の石が優先的に用いられ、残存する石材業者にもそれなりの恩恵があった。（3）は架橋による

陸運化で坂出—与島間が通勤圏内になることを見越してすすんだもので
ある。また、観光客用の宿泊施設として民宿も数軒オープンした。

　瀬戸大橋の開通直後はバブル景気やリゾートブームの追い風も受け
て多数の観光客が与島に押し寄せた。与島を訪れる観光客は1980年の
3,000人が、開通直後の1990年には542万2,000人へと激増した。観光施設
では毎日のように残業があり、年末には高額のボーナスが支給された。
陸運化に伴って公共交通も整備され、1991年には坂出を結ぶ路線バスが
日に15本、高松や岡山などを結ぶ高速バスが日に35便運行されていた。
架橋前には島外への移動手段は1日4便の定期船しかなかったことに比
べると、生活交通の便は格段に向上したといえる。

　しかし開通2～3年後にはバブル景気は崩壊し、瀬戸中央道の通行
料金の高さもネックになって、以後、観光客は減少の一途をたどった。
ピーク時には500万人が訪れた京阪フィッシャーマンズワーフの来訪者
も100万人程度にまで減少し、2003年に京阪電鉄は事業から撤退した。
鳥取の八幡建設が事業を引き継いだが、経営不振は続き、2008年にはベ
ゴニア園やバイキング場が閉鎖され、遊覧船も廃止された。観光施設で
雇用される従業員も削減され、島民の離職がすすんだ。現在、観光施設
で働く島民は数名にすぎず、雇用形態もパートがほとんどである。民宿
もすべて廃業になった。

　(2) の建設事業は石材業との連動性をもつものであったといえるが、
あくまでも架橋事業が終了するまでの一過的なものであり、持続性を
もったものではない。また、瀬戸大橋架橋に伴って石材業は衰退した。
1975年に県が作成した「瀬戸大橋架橋地域開発計画調査報告書」には観
光開発の一環に石材加工業の育成を盛り込み、地場産業の振興を図るこ
とが謳われているが、それに関連する具体的な事業は実施されなかっ
た。与島の開発において石材業は観光業とトレードオフの関係に置か
れ、開発の結果、地場産業である石材業は事実上消滅した。

　(3) の坂出への通勤も瀬戸中央道の通行料金の高さがネックになって
困難になった。そもそも瀬戸中央道への島民乗り入れは当初の事業計画

では予定されておらず、島民の必死の働きかけによって実現したものである。加えて、本四公団は瀬戸大橋通行料をフェリーの車輌運送料金を基準に設定し、高速道路としては異例の高額運賃が提示された（坂出―早島間の普通車通行料金6,300円）。そこで再び通行料金の値下げと島民割引を求めて交渉が重ねられ、35％の料金割引と62.5％の島民割引が実現したが、それでも与島―坂出間（10.9km）の往復料金は普通車で1,900円、軽でも1,500円かかる。島民にとって瀬戸中央道は日常的に使用する生活道路であるため、それにかかる交通費負担はきわめて重いものとなった。また、瀬戸大橋の通行人口が減少したことから路線バスも1日7便に減便され、高速バスの与島乗り入れも全廃された。交通が陸運化されたことで定期航路も廃止された（表2）。以上のような交通条件がネックになって島外への通勤は事実上不可能になり、特に若い世代を中心に人口の島外流出がすすんだ。

1-2　居住環境への影響

　架橋事業が島の生活にもたらした最大の恩恵は、それによって救急車と消防車の通行が可能になったことである。本土から隔絶された離島では、救急搬送と防災は本土とは比べものにならないほど切実な生活課題である。架橋によって緊急車輌の進入が可能になり、その不安が解消されたことの意義は大きい。バキュームカーの往来も可能になり、し尿処理の便宜も向上した。その他、架橋事業に関連して実施された生活基盤整備事業に、簡易水道の敷設、車道整備、小中学校の増改築、離島総合開発センターの設置などがある。橋が架かったことで、島の生活の利便性は総じて向上したといえる。

表2　与島の交通変動

		1985年	1988年	2008年
公共交通	定期船	4便	廃止	―
	高速路線バス	―	35便	―
	路線バス	―	15便	7便
自家用車登録台数（台）		43	195（1990年）	183

　しかしながら、新たな問題も発生した。第1に、騒音・振動公害である。瀬戸中央道に併設されたJR瀬戸大橋線の列車騒音は最高85ホンにのぼり、社会問題として注目を集めた。橋脚の3島と倉敷市下津井地区の住民は公団とJR四国を相手取り、民家付近通過時の減速運行や深夜早朝の減便などの要望を行うが、JR側は新幹線をはじめとする他の路線との接続調整が困難、迅速性は旅客の要望でありJRの経営戦略としても重要、などの理由から前向きな回答を示せず、交渉は難航した。結局、吸音板の設置などの応急措置はとられたものの、発生源対策は行われないまま現在に至っている。現在では騒音問題をめぐる住民の取り組みは沈静化しているが、これは問題が解決したからではなく、良くも悪くも騒音環境に慣れてしまったことと諦めによるところが大きい。

　ちなみにこの列車騒音問題は事業実施前から懸案とされ、環境影響評価法施行後はじめての本格的な環境アセスメントが実施された。しかしこの環境アセスメントは事業実施にかかる諸々の意思決定がほとんど済んだ後に行われたこと、調査項目の作成にあたって住民への意見聴取が不十分にしか行われなかったこと、専門的な数式や数値が多用され素人による判断がきわめて困難な内容であったこと、住民が意見を提出してもそれが事業計画にどのように反映されるのかが不透明で事実上「聞きおくだけ」に終わりがちなことなど、当初から多くの問題点が指摘されていた（西川 1976）。その後発生した騒音問題は環境アセスメントのそのような形骸性を露呈させるものであったといえる。

　第2に、医療・福祉にかかる通行料金問題である。2008年の与島の高齢化率は57.6％、後期高齢者の比率は33.1％にのぼっている。世帯の縮小も著しく、2009年に筆者が実施したサーベイ調査によれば、独居世帯が34.5％、夫婦世帯が38.2％を占める。そのため、医療や福祉にかかわる住民のニーズはこれまでになく増加している。にかかわらず、島の医療は週1回半日の巡回診療のみである。そのため、高齢者が島での生活を維持するためには島外への通院や在宅での介護・福祉サービスがこれまでになく重要な意味をもつようになってきている。

　しかしながら、上述したように、島民割引を利用しても瀬戸大橋の通行料金は割高である。路線バスを利用したとしても往復1,040円かかる。また、島内に介護タクシーなどの福祉車輌を呼ぶ場合には、その通行料金は島民負担となる。これには島民割引は適用されないから、1度利用すると通行料金だけで3,800円かかる（表3）。そのため本土の人たちと同様に介護保険料を払っていても、通行料金がネックとなって介護保険サービスを享受できないという事態が発生した。また、島民割引は島外にいる家族・親族には適用されないため、他出家族員の往来による介護や生活支援も困難になっている。その一方で、いうまでもなく高齢化は島民の稼得能力の低下を招いている。現在、与島住民の年間世帯収入は200万円未満が大半を占める（表4）。確かに橋が架かったことで救急医療への不安は解消されたが、日常的な医療・福祉にかかる経済負担はこれまでになく深刻なものとなっている。

　通行料金問題について補足しておきたい。実はその後、自治会を中心とした陳情活動の甲斐あって、2009年4月から2年間の期限つきであるが、島民の通行料金と福祉車輌の通行料金の80％割引が実現した。これによって坂出までの往復通行料金（普通車）は712円にまで値下がりし、坂出のデイサービスへの通所も可能となった。独居高齢者の間では特に入浴サービスを享受できるようになったことが歓迎されている。

　しかしここでもまた新たな問題が生じている。極度に高齢化がすすんだことで、車に乗れる人が減少しているのである。調査結果によれば、現在、与島で車を所有している人は43.6％にすぎない。つまり、通行料

表3　交通と医療（2008年時点）

高齢化率	57.6%
医療	巡回診療週1回半日のみ
与島・坂出間 往復通行料金	普通車 1,900 円（一般通行不可。 他出家族員 3,800 円）
与島・坂出間 路線バス	1日7便・往復1,040円
福祉車輌	大橋通行料金は島民負担

表4　年間世帯収入

100万円未満	20.0
100〜200万円未満	20.0
200〜400万円未満	14.5
400〜600万円未満	3.6
600〜800万円未満	0
800〜1,000万円未満	0
1,000万円以上	1.8
NA/DK	40.0

金の値下げが実現したにもかかわらず、島民の過半数はもはや車に乗れなくなっているのである。ちなみに車の非保有者は、高齢、女性、独居世帯といった属性の人が占める比率が有意に高くなっている。これらの人の移動の足は路線バスしか残されていないが、路線バス（瀬戸大橋線）の利用者数は沿線地域の過疎化を背景に2000年の12万6,274人が2007年には7万2,866人へと減少の一途をたどっている。島民通行料金値下げの実現、さらには現在取りざたされている高速料金無料化はこのような傾向に拍車をかけることが予想され、そうなると路線バスの更なる減便の可能性もでてくる。悲願であった通行料金の値下げが、皮肉なことに、公共交通の存続を窮地に追い込む結果となっている。

1-3　地域意識の現状

　標準化調査から明らかになった、地域意識の現状について整理しておきたい。

　まず、架橋による島の生活の変化をどう受け止めているのかについて。「現在の時点からふりかえってみて、橋が架かったことをどのようにお感じですか」という質問に対し、「橋が架かってよかった」が40.0％、「どちらかといえば橋が架かってよかった」が43.6％であり、8割を超える人が架橋を肯定的に受け止めている。

　開通前と比較して、どの点がよくなったのか、悪くなったのかをより具体的に尋ねたところ、「交通の便」や「保健・医療」で肯定的な評価が高かった。瀬戸大橋が開通したことで「交通の便」や「保健・医療」が改善したと感じている人はいずれも8割を超えている（表5）。この

表5　生活環境の評価（架橋前との比較）

	よくなった	少しよくなった	かわらない	少し悪くなった	悪くなった
交通の便	47.3	40.0	1.8	3.6	5.5
保健・医療	38.2	43.6	16.4	0	0
産業・就業	1.8	10.9	23.6	7.3	41.8
相互扶助	10.9	30.9	38.2	10.9	7.3
他出員の往来	18.2	32.7	29.1	3.6	12.7

ような高評価は、たとえ通行料金が高くてもいつでも島外に渡れる可能性が開かれたこと、救急車輛の進入が可能になったこと等によると考えられる。他方、「産業・就業」の評価は低く、「悪くなった」と感じている人が41.8％にのぼる。地場産業の衰退と、代替産業として期待した観光業の行き詰まりが影響しているといえるだろう。

　ところで同様の意識調査は1986年（大橋開通直前）に鯵坂・磯部によって、1988年（大橋開通直後）には奥田によって実施されている（鯵坂・磯部 1987, 奥田 1989）。開通直後（1988年）の調査結果と比較するなら、まず目を引くのは就業機会のスコアが著しく低下していることである（表6）。1988年は瀬戸大橋ブームに沸き与島の観光事業が最も活況を呈した時期である。その後、就業環境が大きく悪化したことが意識の面からも読み取れる。その他の項目ではそれほど大きな差はない。交通の便は1988年と比べると多少悪くなっているが、これは路線バスの減便等によるものであろう。保健・医療は現在の方がスコアが高くなっているが、その理由はよくわからない。1988年調査では、まだ開通後3ヶ月ということで、救急車輛の利用がまだなく、従前との違いが実感しにくかったのかもしれない。人間関係（相互扶助）のスコアも現在のほうが少し高くなっている。過疎と高齢小世帯化がすすんだことで、近隣による相互扶助の必要性が否応なく高まっているということなのだろうか。

　ともあれ現在においても、「産業・就業」の評価は低下したものの、全体的にみて、架橋に伴う生活の変化は肯定的に受け止められているといえる。この結果は聞き取り調査に依拠した先の論述といささか矛盾するものである。しかし、この意識調査の結果はあくまでも開通前との比較

表6　1988年時の生活環境の評価

	よくなった	少しよくなった	かわらない	少し悪くなった	悪くなった
交通の便	67.1	20.7	8.5	1.2	2.4
保健医療	15.8	15.8	67	0	0
就業機会	24.3	36.6	26.8	3.6	4.9
人間関係	1.2	0	79.3	11	8.5
居住環境	29.3	36.6	25.6	2.4	4.8

をあらわすもので、架橋後に生じた新たな問題や、陸運化することで対
自化されるようになった都市との比較における相対的剥奪感を汲み取る
ものではない。データの解釈にあたってはその点の留保が必要である。

　与島の地域課題に関する過去の調査結果および2009年調査の結果が表
7～9である。

　質問項目、質問形式がいささか異なる部分があるが、ここでもかつて
行われた調査との比較という観点からみておきたい。地域課題として優
先順位が高いのは、「交通条件の改善」と「医療・福祉の充実」である。
交通条件については、「通行料金を安く」が一貫して最もスコアが高い。
また、「路線バスの充実」の重要性が年を追うごとに高まっているのが
わかる。医療・福祉の充実も年を追うごとに重要度が増してきている。
このような傾向は過疎高齢化に伴う高齢者医療ニーズの増大や車に乗れ
ない交通弱者の増加、その一方での公共交通の縮小、といった動向によ
るものと考えられる。なお、騒音対策は1988年調査でスコアが高くなっ
ているが、2009年調査では相対的な順位を下げている。これも、先述し

表7　1986年調査（鰺坂・磯部）
県・市・公団に望むこと（M.A（5つまで））

島で橋を利用できる場合には通行料金を安く	73.3
現在の船便（千当丸）を残すように	58
島民の自家用車が橋を利用できるように	57.4
騒音対策を	35.8
医療・福祉施設の充実を	34.1
島と本州・四国を結ぶ定期バス路線を	31.3
高校生が自宅から通学できるように	25
工場などの誘致を	23.9
環境の保全を	21
工事用道路を島民が利用できるように	13.6
高齢者対策を	12.5
展望台など観光施設の建設を	10.8
観光客が泊まれる施設を	8
その他	7.4
生活施設の充実を	6.8
港の整備・充実を	6.8
郷土資料館の建設を	4
駐車場の拡張を	2.3
水道料の増加を	0.6

たように、騒音への慣れや諦めによるものといえるだろう。

　他方、産業や就業に関する要望の優先順位は一貫して低い。なお、表には載せなかったが1986年調査では島の産業振興策についてより細かな質問を設けている。それによれば、「企業誘致による工業の振興」（41.4%）、「地元による観光業の振興」（28.2%）のスコアが高く、石材業

表8　1988年調査（奥田）
自治体への要望（M.A）

	人数
島民の通行料金をもっと安くしてほしい	70
騒音問題を1日も早く解決してほしい	65
島内の生活道路の整備をはかってほしい	60
集落の近くにバス停をつくってほしい	51
保健・医療施設の整備をはかってほしい	50
定期船千当丸をいつまでも残してほしい	43
定期バスの便数をもう少し増やしてほしい	39
大型浄化槽を設置して水洗化してほしい	39
船舶航行の安全に万全の対策を講じてほしい	31
観光業と直結した地場産業の育成策を講じてほしい	27
瀬戸大橋架橋記念館を設置してほしい	27
観光業とは別に工場や企業の誘致をはかってほしい	25
石材業の振興策を講じてほしい	24
消防署など公共施設の整備・充実をはかってほしい	22
観光船が発着できるよう港を改築してほしい	19
観光船を中心に船舶業の振興策を講じてほしい	11

表9　2009年調査　地域課題の優先順位

	大いに重要	まあ重要	あまり重要でない	ほとんど重要でない	NA/DK
島民の通行料金値下げ	76.4	7.3	1.8	0	14.5
他出家族の通行料金値下げ	74.5	10.9	0	0	14.5
路線バスの維持・改善	69.1	10.9	0	0	20.0
医療・福祉の充実	58.2	10.9	1.8	0	29.1
治安・防災対策	52.7	14.5	0	0	32.7
住民同士の交流・助け合い	47.3	21.8	1.8	0	29.1
騒音問題の解決	45.5	23.6	3.6	0	27.3
島内の道路・交通手段の改善	43.6	20.0	3.6	0	32.7
伝統的な文化・行事の継承	36.4	25.5	5.5	0	32.7
自然環境の保全・再生	32.7	27.3	3.6	0	36.4
地元資源を活かした観光振興	25.5	18.2	10.9	5.5	40.0
外部資本による観光振興	14.5	29.1	10.9	5.5	40.0
地場産業の再生	12.7	27.3	14.5	9.1	36.4
観光業以外の企業誘致	10.9	16.4	21.8	9.1	41.8

（9.0%）、海運業（5.9％）といった地場産業の振興、「外部資本による観光業の振興」(6.9％)のスコアは低くなっている（２つまでの多重回答）。それと比べると、2009年調査では「企業誘致」が後退し、「地元資源を活かした観光振興」が産業分野の中では最も順位が高くなっている。

　「外部資本による観光振興」の順位も低い。ちなみに2009年調査では「誇りに思う観光資源」についても尋ねたが、与島プラザや与島フィッシャーマンズワーフのスコアはきわめて低いものとなっている（表10)。島民にとってこれらの観光施設の存在はきわめて外部的であることがわかる。

　しかし、「地元資源を活かした観光振興」にしてもそれが生活課題群全体の中で占める位置づけは決して高くはない。与島では中長期的な視野に立った地域経済の活性化よりも、交通や医療を中心とした日々の生活維持が喫緊の課題として重要性を高めているといえる。

1-4　与島の観光開発が示唆すること

　与島における大規模観光開発は地域社会に以下のような課題を残した。

　第１に、観光開発は地域住民に安定した雇用をもたらさなかった。もともと与島の地場産業（石材業）は先細りの傾向があったため、観光開発が行わなければ地域の現状は現在よりもよくなっていたとは言い切れない。また、事業主体側が施設立地にあたって地元雇用にそれなりの配慮を払ったことも確かである。しかし外部資本による観光事業は景気の変動によって容易に地域から撤退すること、事業主体にとって地域の振興はあくまでも副次的な目的でしかなかったことが改めて明らかになった。

　第２に、観光業と地場産業の連動が図られなかった。採石業の衰退は予測されていたことであったが、事業実施前に県が作成した計画書では、それまでに蓄積された石材加工の技能を活かした地場産業の振興が謳われていた。事業実施前に行われた意識

表10　誇りに思う島の観光資源

瀬戸大橋	29.1
豊かで美しい自然	27.3
伝統的な地域行事	12.7
鍋島灯台	10.9
与島プラザ	3.6
その他	1.8
フィッシャーマンズ・ワーフ	0
塩飽水軍与島資料館	0
NA/DK	14.5

調査では「企業誘致による工業振興」の要望が高かったが、それも石材・海運業との連動性が期待されたからと思われる。しかしその後、地場産業の再生、もしくは地場産業の基盤を活かした産業の育成を目指すような試みは一切行われなかった。

　第3に、与島の観光開発は瀬戸大橋建設という交通開発とセットで実施された。交通事業に対する島民の期待はきわめて高いものであったが、事業主体の側に島民の生活利用という観点はきわめて希薄であった。そのことは、当初、公団には橋脚の島付近にJRの新駅を設置しようとする発想や島民の道路乗り入れを図ろうとする発想がまったく欠如していたことから明らかである。島民の働きかけによって道路乗り入れは実現したものの、島民の日常的な生活利用という観点をまったく捨象した高額かつ一律的な通行料金の設定は後々島民を苦しめることになった。

　第4に、与島の観光事業において、与島という島の存在やその魅力―文化や歴史、暮らし―を外部に知らしめるような試みは一切行われなかった。観光施設に用意されたのは大型レストラン、レクレーション施設、土産コーナーであり、そのアミューズメント化された空間と島の土着的な生活や文化は完全に分断されていた。土産コーナーに与島の地場物産がならぶこともなかった。

　この最後の点について補足しておきたい。述べてきたように、現在、与島では産業としての観光に期待する意識はもはやほとんどないといってよい。しかし、与島の魅力を外に伝えたいという意識は決して弱いものではない。架橋時に設置された離島総合開発センターには与島で発見された遺跡や化石、伝統的な石材業に関連する各種道具類、瀬戸大橋建設事業で使われた機材などが丁寧に展示されている。四国遍路の接待や最近になって始められた与島紹介のためのミニ・イベント（「鍋島枝垂桜と与島を歩くウォーキング」）のときには島民総出で地元の特産品を用いた料理を作り、盛大なもてなしが行われる。これらの取り組みの原動力となっているのは、島にいる数少ない子ども、あるいは他出した子どもたちが誇りをもてるようなふるさとを残したいという思いである。

　「観光による地域振興」という場合、まず重要なのは雇用を中心とした地域の定住条件と観光の連動性であることはいうまでもない。しかし、定住条件の改善とは直接結びつかなくても、地域の歴史や生活からその文化的意義を汲み取り、それを外部に発信し社会的な交流へとつなげていくことも地域の活性化という点で意義をもつものであり、住民の側からも強く望まれていることである。現在の与島で観光への期待があるとするなら、それはこの点に尽きるといってよい。

2.　瀬戸内国際芸術祭—芸術・文化による離島振興—

2-1　瀬戸内国際芸術祭のコンセプト

　瀬戸内国際芸術祭（以下、芸術祭と略記）は2010年（2010年7月19日〜10月31日の105日間）に開催が予定されている観光・文化イベントである。国内外の著名なアーティストの芸術作品を瀬戸内の島々に展示し、現代アートと島の生活・文化を融合させること、またそのことを通して島への社会的関心を喚起し、島の活性化を図ることが目指されている。イベントの開催会場は、直島、小豆島、豊島、男木島、女木島、大島、犬島の7つの島と高松港周辺エリアである。各々の会場に現代アートによるプログラムと島の自然、生活、歴史に関するプログラムが設けられることになっている。アートの展示には小学校、空き家、棚田など基本的に既存の施設や景観が利用されるが、直島と豊島で美術館、男木島で交流館が新たに建設される予定である。

　芸術祭の発起人は直島福武美術館財団理事長・ベネッセ・コーポレーション社長である福武總一郎氏である。ベネッセは直島でここ20年間にわたり現代アートと島の景観を一体的に捉えたアートのまちづくり事業を展開してきた。今回の芸術祭はその延長線上に構想されている。事業実施にあたっては、越後妻有大地の芸術祭をプロデュースした北川フラム氏を総合ディレクターに据え、香川県をはじめとした関連自治体、企業を構成員とする大規模な実行委員会が組織されている。

　イベント開催期間の来場者数は30万人が見込まれている。大量輸送に

対応するため交通対策が課題となり、イベント開催期間に限って新規2航路の開設（直島・男木島・豊島航路、直島・豊島・犬島航路）、既設3航路での増便（直島・高松便、高松・女木島・男木島便、高松・直島・豊島便）が決定された。また芸術祭開催期間には高松と女木島、男木島間の定期航路運賃を値下げすることが予定されている。その採算性や来島者増加に伴う諸課題を検証するため、2009年7月18日〜9月30日までの間、同航路の旅客運賃を片道100円に値下げする社会実験が行われた。イベントのサポーターとしてボランティア（「こえび隊」）の募集、動員にも力が入れられている。

　芸術祭は福武財団による企業メセナ（芸術文化支援活動）的な性格が強い。企業収益やマクロ地域経済への効果よりも瀬戸内の離島活性化を直接の目的に掲げていること、島の活性化を図るにあたり文化・芸術の観点や都市・農村交流（ソフト事業）の観点が重視されていることなどの点で、従来型の大規模観光開発路線とは一線を画すものとなっている。またこの芸術祭は2010年だけでなく、その後も3年ごとに継続して行っていくことが予定されている。一定の持続性をもった地域振興事業が目指されている点で、打ち上げ花火的な単発イベントとも区別される。

　事業主体の側の目的やコンセプトが以上のようなものであるとして、イベントを受け入れる離島社会の側はこのイベントをどのように受け止めているのであろうか。この点について筆者は直島、豊島、女木島、男木島でヒアリング調査を行った。そのうち豊島と直島では離島の観光振興に関する簡単な意識調査を行った。以下、これらの調査から得られた知見を整理し、課題と思われる点を指摘しておきたい。

2-2　芸術祭の受けとめ方
（1）女木島と男木島
　女木島と男木島は以前は1つの自治体（雌雄島村）であったが、1956年に高松市に編入合併され、以後は高松市の一部離島である。両島は今回調査した4島の中で最も過疎高齢化が深刻であり、人口（2006年）は

女木島229人、男木島236人、高齢化率（2005年）は女木島57.1％、男木島61.4％である。世帯の縮小も著しく、2006年の平均世帯人員数は女木島1.89人、男木島1.72人である。独居高齢世帯（ほとんど女性）が世帯数のおよそ半数を占めている（表1参照）。

　地場産業は両島とも漁業である。島の近海はさわら、まながつお、蛸などの好漁場であったが、公共事業（海砂採取）の影響などで漁獲量は減り、後継者の展望も暗い。農業はにんにくや南京豆が一部出荷されているが、大部分は自給用に営まれている。他に、女木島では夏の海水浴客を対象とした民宿が数軒ある。

　女木島と男木島はフェリーで高松と結ばれている。便数は日に6便であるが、冬の閑散期は5便に減便され、夏の繁忙期は女木島便に限って12便に増便される。高松へは女木島からは20分、男木島からは40分ほど、料金（片道）は高松—女木島間が360円、高松—男木島間が500円である。高松への距離は近いがそれだけ利用頻度が高いため、島民の交通費負担は大きい。島内の交通についてみれば、女木島では車道はそれなりに整備されているものの、公共交通機関は、観光客用に夏季限定で運行されるマイクロバスを除き、存在しない。男木島は急傾斜地に住宅が密集しており、道路も狭隘なため、車の通行はほとんど不可能である。そのため現在でも島内の移動はもっぱら徒歩に頼っている。

　両島には2007年に福武氏、北川氏、自治体職員が訪れ、芸術祭の趣旨やスケジュールについて説明と協力依頼が行われた。島では自治会やコミュニティ協議会の役員がそれへの対応にあたった。その後、事業関係者が何度か現地視察に訪れ、2009年4月には住民説明会が開催されている。

　芸術祭に対する島の受けとめ方という点でまず指摘しておきたい点は、当惑の大きさである。島の活性化に役立つのなら、という漠然とした期待はあるものの、外から唐突にきた話で、また直島と異なって観光事業の経験やノウハウはないため、何をどうしてよいのかわからず不安、というのが両島の関係者から共通に聞かれた所感である。

　また、芸術祭に関する情報は専ら自治会や各種団体のリーダー層の間

で共有されているにとどまり、島の末端にまでは浸透していない（2009年11月現在）。男木島では芸術祭推進に向けた実行委員会が2009年11月に結成され、組織的な体制は整えられたものの（女木島では近々結成予定）、住民への周知や協力要請はこれからの課題とされている。両島とも自立的な生活維持が困難になりつつある高齢層（特に独居の後期高齢層）がそれなりの比率を占めるため、イベントについて住民の理解や協力を得ることには困難が大きい。

　芸術祭への要望という点では、女木島ではアートの展示に小学校を利用する際には小学校が復校する可能性を考えた利用の仕方をしてほしいという意見がだされた。女木島では2004年から小学校が休校になっているが、復校の可能性を信じて「女木島小学校守る会」が組織され、生徒がいないにもかかわらず教室や校庭は定期的に丁寧な手入れが行われている。アートが展示されることで小学校が魅力的になることは歓迎するが、逆にそのことで学校としての実用性が損なわれることは避けてほしいという要望である。

　男木島の要望は、イベントを一過的なものとせず、イベント期間が過ぎた後も島民にとって役立つものを残してほしいというものである。ただし、何が島民にとって役立つかについてはまだ詰められてはいない。建設予定の交流館の有効利用、船着場への待合施設の建設、展示予定の椅子のアートを住宅地の坂道に設置し、イベント終了後は島民が休憩に使えるようにする、などが案として挙がっているが、具体的な中身は今後の検討課題とされている。いずれにせよ、芸術祭が島の観光客のためだけでなく、島の定住条件の改善に役立つものであってほしいというのが両島で共通にみられた意見である。

　そのことの裏返しとして、来島者の増加が島の日常生活に支障をもたらすのではないかという危惧もある。今夏の旅客運賃100円値下げで女木島、男木島では期間中の来島者数が平年の約1.4倍に増加した（週末は最大6倍の増加）。その中で問題になったのがゴミとトイレである。両島では近年、海岸に打ち上げられる漂着ゴミの処理に頭を悩ませてい

るが、それに観光客がもたらすゴミ問題が上乗せされることになった。トイレは、特に男木島では公衆トイレがほとんどないため、コミュニティセンターや診療所のトイレに行列ができる騒ぎとなった。一般民家のトイレもまだ多くが汲み取り式であるため、観光客への提供には抵抗があるとのことである。建設予定の交流館内に簡易トイレが設置される予定ではあるが、それだけでは心許ない面がある。付け加えるなら、今夏の旅客運賃値下げにしても、それは一方で島民から歓迎されたものの、他方ではこれまでの度重なる陳情で実現しなかったことが観光イベントだと簡単に実現してしまったことは複雑な心境で受けとめられている。料金値下げは離島振興事業の一環として恒常化してほしいというのが両島関係者の一致した意見である。

　芸術祭では現代アートの展示だけでなく、島の生活や文化に光を当てることもコンセプトとされている。男木島ではアーティストの１人が空き家を利用して喫茶店を開き、男木島の歴史や文化を紹介する活動が行われる予定である。女木島では、現時点では、同種の取り組みはみられない。逆に女木島では船着場に展示してあった地域行事の写真や鬼が島伝説の資料が現代アートの展示の支障になるということで撤去される一幕があった。芸術祭の計画書では地域との祭との連携が謳われているが、この点についても現時点では具体的な検討は行われていない。住民側も、島の何を外に向かってＰＲすればよいのか考えあぐねている感がある。なお、女木島では７月に学童ドッジボール大会、男木島では夏から秋にかけて高松市築地地区と交流事業（キャンプやハイキング等）が行われる。芸術祭による来島者の増加が、これら既存の地域行事にどのような影響を与えるかについても注視する必要があろう。

　観光イベントが島にもたらす経済効果に対する期待はあるが、控えめなものである。女木島ではこれまでに地域行事で簡単な物産販売を行ったことがあるのでその経験を活かせればとのことである。男木島でも地場の食材を用いた郷土料理の提供が検討されているが、まだ具体化はしていない。いずれにせよ今回のイベントを地域経済の再生に結びつけよ

うとする志向は強いものではなく、特産品の提供を通じて地域がPRできれば、年金生活者に多少なり副収入が得られれば、といったささやかな期待にとどまる。

(2) 豊島

　豊島は1955年に土庄町に編入合併され、以後、行政的には土庄町の一部離島である。現在の人口は1,000人ほど、高齢化率は45％程度である。県内の指定離島の中では直島に次いで人口規模が大きいが、他の島々と同様、過疎高齢化の進行は著しい。有害産業廃棄物不法投棄事件で有名な島でもある。

　豊島の地場産業は農業、漁業、石材業である。ため池が豊富で水田耕作が可能であることなど県内の離島としては例外的に農業の条件にめぐまれた島で、島内の各所に棚田が形成されている。しかし高度成長期以降、地場産業は全般的に衰退し、現在は農業にしても販売農家はいちご農家を数軒数えるのみである。地場産業に代わる職種として公共事業関連の建設業も一定の比率を占めているが、近年では離島振興事業も縮小の一途をたどっており、建設業も苦境に立たされている。

　海上交通は豊島と宇野、土庄を結ぶフェリーが日に6〜8便、10年ほど前から豊島と高松を結ぶ高速艇も日に3便はしるようになった。料金（片道）は豊島―宇野間が750〜1,000円、豊島―土庄間が470〜750円、高松便（高速艇）が1,300円である。豊島は数年前に無医地区化したため、通院の必要から島外にわたる頻度が増えている。他方で高齢化に伴い年金生活者が増えているため、交通費負担が家計に及ぼす影響はこれまでになく深刻化している。島内は、車道は整備されているものの、路線バスなどの公共交通機関はない。面積が広く傾斜地も多いため、車がないと島内の移動は困難である。

　芸術祭において豊島は現代における農のあり方を見直すための戦略的拠点に位置づけられている。「食と農」をテーマとした事業を企画、推進するため、島の諸団体とベネッセや土庄町を構成団体とする豊島「食プロジェクト」推進協議会が結成された。棚田の再生や地産地消型レス

トランの建設等が検討されている。島内でも芸術祭の推進に向けて2008年10月に豊島観光協会が発足した。2009年には飲食店と民宿が相次いでオープンするなど、観光客の受け入れに向けた動きが起こりつつある。

　しかし先例がない事業のため、女木島、男木島同様、戸惑いは多い。まず、「食プロジェクト」で検討されている諸事業、あるいはトイレ・ゴミ処理対策や島内移動手段の確保といった実務レベルの問題に関し、住民、町、ベネッセ間の役割分担をどうするのかという点で混乱がみられる。芸術祭の推進に向けた観光協会と一般住民の合意形成も必ずしも上手くいっていない。芸術祭の中で地域の祭や行事をどのように位置づけるかについても、現時点ではまだ具体的な検討は行われていない。観光協会役員の1人によれば、芸術祭を通して都会にはない島の魅力を伝えたいという熱意はあるが、それをイベントの中でどう具体化するかが難しいとのことである。

　豊島と直島では観光や地域の生活課題に関する意識調査を実施した。その結果を紹介しておこう。豊島には新たに美術館の建設が予定されている。美術館ができることで、「島の経済が改善するきっかけになる」（→経済効果）、「観光客がくることで島に活気がもたらされる」（→活気）、「島外の人たちとの交流がふえる」（→交流）、「地域づくりが活性化するきっかけになる」（→地域づくり）という4つの意見に対し、「大いにそう思う」（→肯定）、「まあそう思う」（→やや肯定）、「あまりそう思わない」（→やや否定）、「ほとんどそう思わない」（→否定）の4段階で回答を求めた。また、「全体的に考えて、美術館の誘致には」（→賛否）という質問に対し、「大いに賛成」（→肯定）、「どちらかといえば賛成」（→やや肯定）、「どちらかといえば反対」（→やや否定）、「大いに反対」（→否定）の4段階で回答を求めた。その結果が表11である。

　「活気」、「交流」、「地域づくり」はよく似た結果となっている。住民の大体6割が、美術館ができることで島に活気がもたらされ、島外の人との交流が増え、地域づくり活動も活発化するだろうと考えていることがわかる。「経済効果」のスコアはやや低く、美術館ができることで島

の経済が改善すると考える人、そうは思わない人が相半ばする結果となっている。全体的に考えて美術館の誘致に賛成と答えた人は8割を超えるが、積極的な賛成というより「どちらかといえば賛成」が大多数を占める。まとめるなら、経済効果に関してはやや懐疑的なものの、大勢として美術館建設やそれによる島外との社会的交流に漠然とした期待が寄せられているといえる。

　表12は豊島の観光資源としてアピールしたいものは何かを尋ねた結果である（多重回答）。芸術祭に関するマスコミの報道では豊島はもっぱら美術館建設で注目を集めているが、島民側は島の美しい自然、のどかな暮らし、伝統的地域行事といった土着的な資源をアピールしたいと考えていることがわかる。

　表13は豊島が取り組むべき生活課題についてその重要度を尋ねたもの

表11　観光に関する意識（豊島）

	肯定	やや肯定	やや否定	否定	NA/DK
経済効果	13.5	32.5	46	7.4	0.6
活気	15.3	43.6	34.4	5.5	1.2
交流	15.3	43.6	31.9	7.4	1.8
地域づくり	16.6	42.9	30.1	9.2	1.2
賛否	22.1	59.5	14.1	1.2	3.1

表12　アピールしたい観光資源（豊島）

美しい自然	64.4
のどかな暮らし	55.2
伝統的地域行事	49.1
ベネッセ美術館	35
歴史的文化遺跡	33.1
先進的な環境事業	13.5

表13　生活課題の優先順位（豊島）

	きわめて重要	まあ重要	それほど重要でない	ほとんど重要でない	NA/DK
医療・福祉の充実	76.1	17.2	1.2	0	5.5
海上交通の改善	61.3	25.2	3.1	1.2	9.2
農業の振興	49.7	32.5	4.9	1.2	11.7
漁業の振興	50.9	29.4	8	1.2	10.4
子育て・教育の充実	44.8	31.9	8	0	15.3
環境の保全・再生	43.6	36.8	6.7	0	12.9
相互扶助の強化	42.9	41.1	4.9	1.2	9.8
治安・防災対策の充実	42.9	30.1	12.9	1.8	12.3
島内交通の改善	40.5	33.1	11	1.8	13.5
公共事業の充実	38.7	34.4	12.9	0.6	13.5
伝統文化の継承	24.5	52.1	8.6	1.8	12.9
環境事業の推進	22.7	43.6	11	2.5	20.2
観光業の振興	21.5	37.4	23.9	3.7	13.5

である。

　回答結果は全体的に「重要でない」より「重要である」の方に偏っているが、相対的な順位でみれば、「医療福祉の充実」、次いで「海上交通の改善」の2つが島の最も重要な生活課題とみなされていることがわかる。先に触れたように、島では医療と交通は密接に連動しており、島外への通院費負担や救急搬送問題への危機意識が反映された結果といえる。また、後でみる直島との比較でみれば、農業や漁業といった第1次産業を中心とした産業振興のスコアが高いのも特徴的である。それに対し、「観光業の振興」の順位は最も低くなっている。美術館建設や交流事業は概ね肯定的に受けとめられていることを先にみたが、生活課題群の全体の中でみれば観光の位置づけは低いこと、重視されているのは島の定住条件に密接にかかわる生活課題であることがわかる。

(3) 直島

　直島は県内の指定離島の中で唯一の全部離島である。2009年の人口は3,365人。県内の離島の中では最も人口規模が大きいが、他の離島ほどではないものの直島も人口は減少傾向にある（ここ10年間で600人ほど減）。高齢化率は30.1％（2008年）である。

　島には三菱マテリアル直島精錬所とベネッセ・コーポレーションという大企業が立地している。特にマテリアルが地域経済に果たしている役割は大きく、島民の7～8割はマテリアルやその関連企業に職を得ている。それ以外の地場産業は漁業であり、はまち養殖がさかんである。県内の離島の中では例外的に経済基盤が比較的安定した島である。

　海上交通は、直島―宇野間のフェリーが日に19便、旅客船が8～9便、直島―高松間のフェリーが日に6便である。直島―宇野間には高速艇も日に3～4便（季節的な制約あり）就航されている。2009年1月からは高松、直島、豊島を結ぶ高速艇が日に2便（金・土・日・祝限定）就航されるようになった。運賃（片道）は直島―宇野間が220～280円、直島―高松間が510円、高速艇が1,200円である。島内の車道整備や車の普及もすすんでおり、2002年から町営で100円バスも運行されている

（日に20便ほど）。高松便の便数は少ないものの、他の島と比較して交通事情の面でもめぐまれた島である。

　直島では20年ほど前からベネッセがアートをコンセプトとした観光事業を展開してきた。特に90年代末からはじめられた古い民家・町並みをアートに仕立てた「家プロジェクト」、2004年にオープンした地中美術館で内外から注目を集めるようになり、近年になって観光客は急増している（表14）。2003年には直島町観光協会や観光ボランティアガイド団体（「うぃ・らぶ・なおしま」）が結成され、観光客の受け入れ体制も整えられている。芸術祭の開催に向けてアートの趣向をこらした銭湯が2009年7月にオープン、新たな美術館の建設も進められており、現在、観光に関して全国で最も脚光を浴びている離島であるといってよいだろう。

　今回の芸術祭も直島での経験を基盤に、それをさらに発展させるべく構想されたものである。2009年3月に町の要綱で芸術祭のための実行委員会が設置されるなど、島民の受けとめ方も他の島と違って混乱は少ない。しかし、芸術祭に向けてそれほど雰囲気の盛り上がりがみられるわけでもない。直島は外部的には観光の島として有名であるが、観光が島民の雇用に果たしている役割はそれほど大きなものではない。ベネッセ関連施設で職を得ている島民は主に高齢層で、パート雇用が多い。先述した観光ボランティア団体のメンバーも10数名で固定しており、そのほとんどが高齢者である。仕事（多くはマテリアル関連）をもっている人が観光に関わることは現実的に困難である。

　芸術祭に関して検討課題とされているのは主に交通対策である。上述のようにここ数年、直島を訪れる観光客は急増しており、2009年9月の連休には1日で島民の数をはるかに上回る4,500人が来島した。フェリーもバスもパンク状態で住民が船に乗れず、島民利用のための臨時便をだ

表14　直島ベネッセ関連施設訪問者数の推移

	1995	2003	2004	2005	2006	2007
訪問者数	11,003	28,599	68,136	126,881	155,435	240,226

（出所）直島町観光協会

すなどの緊急対応を余儀なくされた。そのため、イベント期間中のバス、フェリーの増便が決定されたが、観光客増加が島民の生活交通にどのような影響を及ぼすかについては未知数の部分も多く、対策に向けた検討が続けられている。また、家並みを観光資源にすることによる住民のプライバシー保護の問題、増加するゴミへの対応策も懸案とされている。

　経済効果という点では、民宿・飲食店の増加が挙げられる。直島において観光業の雇用効果は限定的であると先述したが、増加するであろう観光客への宿泊対策として、自営の民宿・飲食店がここ１年で20軒ほど増加した。また、芸術祭を直接の契機とはしていないものの、特産品開発もすすめられており、2009年10月から食用天日塩（「ソラシオ」）の販売が始められた。直島における地域経済と芸術祭の連動性は、会場になっている他の島と比べるならはるかに大きい。しかし島民にとって雇用・経済の中心がマテリアルであることは変わりない。また、これら民宿・飲食業と地場産業である漁業との連動性はほとんどない。直島の漁業は大規模なはまち養殖が中心であり、その大部分は首都圏に出荷されている。民宿用に生簀から少量の魚を取りだすことは効率が悪く周りの魚にも傷がつくため敬遠されがちである。

　意識調査の結果をみておこう。直島では芸術祭を直接取り上げるのではなく、これまで行われてきた観光まちづくり事業の評価について問うた。「観光がさかんになって、島の雇用状況は改善された」（→雇用効果）、「観光客がくることで、島に活気がもたらされた」（→活気）、「観光がさかんになって、島外の知り合いが増えた」（→交流）、「観光がさかんになって、住民のまちづくり活動は活発になった」（→地域づくり）の４つの意見に対して、「大いにそう思う」（→肯定）、「まあそう思う」（→やや肯定）、「あまりそう思わない」（→やや否定）、「ほとんどそう思わない」（→否定）の４段階で回答を求めた。また、「全体的にみて、直島の観光まちづくり事業の現状は」という問いに対し、「大いに評価できる」（→肯定）、「まあ評価できる」（→やや肯定）、「あまり評価できない」（→やや否定）、「ほとんど評価できない」（→否定）の４段階で回答

を求めた。その結果が表15である。

　観光による効果として最も高く評価されているのが「活気」で、観光事業の活発化が島に活気をもたらしたと考えている人は82.8％にのぼっている。「まちづくり」の評価も高く、観光を契機としてまちづくりが活発化していることがわかる。他方、「交流」や「雇用効果」の評価はそれほど高いものではない。観光がさかんになって島外の知り合いが増えた人は25.2％、島の雇用状況が改善されたと感じている人は45.6％にとどまる。

　属性別にみると、「交流」や「雇用効果」に関して肯定的な回答をした人は、高齢層（70代以上）で有意に多くなっている（表16）。ボランティアガイドの担い手やベネッセ関連施設で雇用されている人が高齢層に偏る傾向があると先述したが、そのことを裏づける結果であるといえる。

　とはいうものの、直島の観光まちづくり事業の現状を全体として肯定的に評価している人は84％にのぼっており、「アートの島」という地域ビジョンはほとんどの島民に受け入れられていることがわかる。

　直島の観光資源としてアピールしたいもの（多重回答）では、美しい自然、現代アート、のどかな暮らしのスコアが高かった。現代アートは観光客だけでなく直島住民からも観光資源として受け入れられているこ

表15　観光に関する意識（直島）

	肯定	やや肯定	やや否定	否定	NA/DK
雇用効果	8	37.6	40.8	12.8	0.8
活気	28	54.8	12	4.8	0.4
交流	4.4	20.8	41.6	32.4	0.8
地域づくり	13.2	55.6	28	2.8	0.4
全体評価	18	66	12	2.8	1.2

表16　観光に関する意識（年齢別）

	20代	30代	40代	50代	60代	70代以上	F値
雇用効果	2.25	2.26	2.38	2.22	2.47	2.70	2.27*
交流	1.91	1.68	1.93	1.71	2.02	2.35	3.88**

$p^{**} < 0.01$　$p^{*} < 0.05$

注：「大いにそう思う」＝4点、「まあそう思う」＝3点、「あまりそう思わない」＝2点、「ほとんどそう思わない」＝1点に数値化し、平均値の算出と分散分析を行った結果

表17　アピールしたい観光資源（直島）

美しい自然	58.4
現代アート	57.2
のどかな暮らし	55.2
環境産業	29.2
伝統文化	28

とがわかる。他方、最もスコアが低かったのが伝統文化である。直島
には女文楽という伝統芸能があり、芸術祭の事業内容にも取り上げられ
ているが、島民のそれに対する関心は必ずしも高いものではない。現代
アートという新しい文化が移植され注目を集めるようになることで、島
の伝統文化は後景に退くようになってきているといえるのかもしれない。

　表18は直島が取り組むべき生活課題についてその重要度を尋ねたもの
である。豊島の場合と同様、「医療・福祉」と「海上交通」の2つが島
の中心的な生活課題とみなされていることがわかる。また全体的にみ
て、医療、交通、教育など居住環境に関連する項目の優先順位が産業・
経済に関連する項目よりも高くなっている。直島では地域経済の発展よ
りも、経済発展の果実を住民生活にどう還元していくかが問われている
といえるだろう。産業に関連する項目では製造業のスコアが高く、それ
と比べると観光業の優先順位は低い。直島の経済・産業面では三菱マテ
リアルが依然大きな役割を果たしていることがわかる。

　直島というと芸術・観光の島というイメージが支配的であり、またそ
のような地域ビジョンは島民からも概ね肯定的に受けとめられている。
しかし、島の生活課題群全体の中での観光事業の位置づけは高いもので

表18　生活課題の優先順位（直島）

	きわめて重要	まあ重要	それほど重要でない	ほとんど重要でない	NA/DK
医療・福祉	74.4	21.6	1.6	0.4	2
海上交通	66.8	29.6	1.6	0.4	1.6
子育て・教育	54.4	39.6	2.8	0	3.2
環境保全	52.8	39.6	1.6	1.2	4.8
治安・防災	47.6	44.8	4.8	0.4	2.4
製造業	42	43.6	7.6	0.8	6
公共事業	37.2	44	10.8	1.2	6.8
相互扶助	35.6	54.8	6.8	0	2.8
環境産業	33.2	50.8	9.6	0.4	6
漁業	32.4	42.8	18	2.4	4.4
観光業	29.2	47.6	15.6	3.2	4.4
伝統文化	26.8	60	9.2	0.8	3.2
島内交通	26.8	56	12	2.4	2.8

はない。豊島の場合と同様、直島でも島民が重視しているのは島での定住生活に密着した生活課題であるといえる。

2-3　まとめに代えて

　瀬戸内国際芸術祭はまだ実施されていないので、その構想と帰結の検証は芸術祭の終了後にあらためて行う予定であるが、現時点での検討課題をいくつか指摘しておきたい。

・地域の日常生活への影響

　まず、芸術祭の開催にあたっての実務的なレベルの問題である。今夏の女木島、男木島での旅客運賃値下げ実験で、観光客の増加に伴うゴミ、トイレ問題が顕在化した。観光客がもたらすゴミ問題は漂着ゴミの処理に苦しむ島民に新たな負担を付け加えるものであり、トイレ不足をめぐる騒動はコミュニティセンターや診療所の日常業務に支障をもたらした。直島では休日の観光客の急増が島民の生活交通を圧迫し、臨時便の運航を余儀なくされた。今回のイベントは離島の地域活性化を目的とするものであるが、その前提として、イベントによって地域の日常生活が支障を来たすことがないよう慎重な配慮を行うことが必要である。とりわけその際、直島とそれ以外の島のコンディションの違いを認識しておくことが重要である。観光事業のノウハウ、過疎高齢化の度合い、交通や施設の条件に関して、直島とそれ以外の島とでは置かれている状況が大きく異なっている。高齢小世帯化の極度の進展を背景に、直島以外の島では芸術祭の周知そのものが末端にまで行き届いていないのが現状である。芸術祭は直島での観光まちづくりの経験を踏まえて構想されたものであるが、事業の実施にあたってはむしろ直島以外の島をスタンダードにして地域生活への影響に目配りする必要があるように思われる。

・離島の文化振興

　これまでの調査で痛感させられたことは、自分たちの島を誇りに思え

るようなものにしたいという住民の思いには一方ならぬものがあるということである。それに比べれば、観光事業の経済効果に対する期待はささやかなものである。離島の文化的な振興をコンセプトに据える今回のイベントはこの点で住民側の思いと合致するものであり、その趣旨は高く評価されてしかるべきだと思う。しかし、アーチストの招聘やアート展示に関する作業と比べ、島の生活や歴史に文化的価値を探ろうとする取り組みは大きく立ち遅れている。男木島でそのような試みがみられるものの、他の島では具体的な動きは現在のところ起きておらず、逆に女木島ではアートの展示によって地域行事の写真が撤去されるというトラブルが発生した。住民側も、島の魅力をアピールしたいという気持ちは強い一方で、具体的にどうすればよいのか考えあぐねている感がある。離島地域の文化的価値をどう再評価するかについては住民の自主的取り組みとともに、この点に理解がある外部者の介入と協力が必要となろう。いずれにせよ、観光客の関心をいかに喚起するかよりも、島民にとって誇りに思える文化の発見、発信をいかに図るかに軸足を置く必要がある。現代アートは地域の生活文化に光を当てる触媒の役割が期待されているはずなので、現代アートによって島の文化が変質したり見えにくくなったりすることは避けなければならない。

・交流事業と定住政策

　最近の国の政策では地域活性化の方策として「交流人口の拡大」に期待を寄せる傾向が強まっている。離島に関していえば、離島と本土の違いを従来のような「後進性」ではなく、自然にめぐまれた「癒しの空間」、「価値ある地域差」として捉え直し、島の魅力を全国へ発信して観光の振興と「離島応援団」の掘り起しを図るといった文言が離島振興基本方針（国交省）を彩るようになった。瀬戸内国際芸術祭もこのような政策動向に合致するものである。

　しかしながら、地域の生活課題群の中で交流や観光が占める位置づけはそれほど高いものではない。観光振興は概ね肯定的に受けとめられて

いるものの、生活課題としての優先順位という点では医療や交通といった日々の定住生活に関わる生活要件のほうが格段に重要度は高かった。今回の芸術祭にしても、それが島の普段の生活に役立つものであってほしいというのが多くの島で聞かれた共通の意見であった。イベント開催期間に実施予定の旅客船運賃値下げ（女木島、男木島）も、それは歓迎されている一方で、本来なら観光のためでなく離島振興事業として実施されるべきものではないかという複雑な感情を生んでいることも先述した通りである。

　もちろん今回の芸術祭は観光・文化イベントであり、島の定住対策にまで介入するものではない。しかし、イベントの目的に離島地域の活性化が掲げられている以上、交流事業を離島が置かれている生活の現状を理解し、その改善に向けた取り組みの契機とするような発想もまた必要なのではないだろうか。「交流による活性化」のかけ声とは裏側で、ここ10年来、離島振興事業は大幅に縮小され、離島生活の窮状はこれまでになく深刻化している。観光・交流事業は定住対策に取って代わるものではなく、それを補完するものであるとの認識が重要であろう。観光事業がややもすると地域の定住対策よりも観光客の集客によるマクロ地域経済対策にはしりがちなことは与島の経験が教えるところである。

文献

鰺坂学・磯部作，1987，「瀬戸大橋建設と地域社会—島嶼部の調査を中心に」，広島大学総合科学部紀要Ⅱ『社会文化研究』第13巻，　　　　　153-247.

奥田憲昭，1989，「瀬戸大橋と島民生活への影響—与島の場合—」，『現代地方都市論—海峡のまち坂出市と市民生活』，恒星社厚生閣.

瀬戸大橋架橋史編纂委員会，1989，『瀬戸大橋架橋史』，瀬戸大橋架橋推進香川県協議会.

西川栄一，1976，「環境アセスメントについて」，『瀬戸内海誌』創刊号.

第3章　直島の事例にみるSNS上に流通する観光情報の類型化

村越　友香・金　徳謙

I.　はじめに

　観光行動が成立する要素に、観光の主体・客体・媒体がある。観光行動を行う主体（観光者）と、観光対象となる客体（観光地・観光施設）、そして、それらをつなぐ役割を担うのが媒体（情報・交通）である[1]。観光行動の成立は、主体と客体の存在が最低条件であり、媒体は観光の利便性を向上させる働きをする。媒体の一つである観光情報は、観光の大衆化と技術革新に伴って、その位置づけや役割が変化してきた。

　例えば、ガイドブックは1910年に『鐵道院線沿道遊覧地案内』、1929年に『日本案内記』が鉄道院・鉄道省によって刊行された。その後、日本交通公社によって『観光地図』（1947）、『旅行叢書』（1948）などのガイドブックが発行された。このようなガイドブックや新聞・小説などの紙媒体による情報提供が主であったが、TVが発売され普及率が上昇すると映像媒体による情報提供に、提供手段が拡大していった。そして現在では、インターネットの登場によって文字・映像・音声などを含むマルチメディア型の電子媒体で情報提供が実現している。それにより、これまで一方向になされていた情報提供が質問・検索ができる双方向の情報提供になった。さらに、個人がホームページなどを開設することができるため、これまで情報を受信するだけであった観光者が自由に情報発信できるようになったのである。特にインターネット上で発信される情報は、不特定多数の観光者に向けたメディアの機能をもつ情報発信となり、親しい間柄で行われる口コミと比較すると、その影響力は大きい。

---

[1] 本稿では、観光者（guest）を観光主体に、観光地を構成する観光施設や地域全体も含めた観光地に居住する地域住民（host）を含め、客体と位置づけている。また、媒体とは、一般的な情報、交通を提供するものと位置づけている。

　そこで本研究では、インターネット上で観光主体である個人により発信される観光情報の利用実態を明らかにし、その情報内容を類型化することを目的にする。そのため、インターネットの書き込み情報サイトにおいて実際に書き込まれたコメントを対象にし、有り無し評価を用いて分析を行う。

II. 観光情報

1. 観光の概念

　観光という言葉がもつ意味として、一般に「楽しみのための旅行」と「旅行に関わりをもつ事象の総称」としての2つの側面がある。楽しみの目的は千差万別であり観光者の意識に強く依存するが、自らの意思で自由に使うことができる時間（余暇）に、自ら好んで旅行する点で共通していると言える。観光の形態や行動が多様化し、観光のもつ意味や用途が複雑となっているが、楽しみのための旅行は観光を意味する中核部分と考えることが出来る。また、後者のように旅行を可能にする社会的・経済的な条件、交通・宿泊などの事業活動、さらに観光者を受け入れる地域との諸関係など関連事象を視野に収めて、広く観光現象を意味する場合がある。観光に関わる事象を包括的に意味することから、研究の視点によってその定義が明示される必要があると言える。

　そこで本稿における観光の定義は、上記の二つの側面を逆説的に定義した「観光事業の対象となる、楽しみのための旅行」とする。楽しみのための旅行に客観性を付加し、観光をより限定的に捉えてはいるが、本稿の目的にあたっては十分と考えるためである。

2. 観光情報の位置づけ

　観光行動における情報の位置づけから、観光情報は観光行動に利用される全ての情報と説明することが出来る。これまでの研究においても、論者の視点や研究の内容によって様々に分類され定義されている。観光者の移動経路と情報の関連について研究した佐藤（2004）は、観光情報

を観光において、現地での行動の選択や実際の行動に利用され、人々の態度・行動に影響を与えるメッセージ・知らせの総称と定義している。中村（2001）は宿泊施設選択における情報に関して、潜在観光者に当該観光地や施設の存在を知らせ（inform）、選択するように説得し（persuade）、行動を引き起こす（induce action）ことが必要と説明している。また、佐藤（2001）は、観光情報の構造について、観光スポットに関する点の情報、移動に関する線の情報、特定の観光地内の観光資源や施設について網羅的に捉えた面の情報に分類している。

　これらの観光情報は、観光（観光行動）を構成する行動主体である観光者と、観光事業を行うなどの客体として観光対象をつなぐ媒介としての役割を担っている。例えば、各種メディアによって他国や他地域の情報得られると、観光者の観光意欲が高まったり、旅行の最中に利用するガイドブックや地図によって旅行計画を立てたりするなど、観光情報は直接観光者の意識や行動に影響を与えている。そして、観光情報は技術革新に伴って提供手段が多様化し、観光者は容易に情報を得られるようになったこともあり、観光の自由度と大衆化に貢献したと言える。

　以下では、観光の自由度を拡大し大衆化に影響を与えた観光情報の役割が提供手段によってどのように位置づけが変わってきたのかを概観する。

　1960年代後半以降、高度経済成長期以来の継続的な所得増加と自由時間の拡大に伴って観光の大衆化（マス・ツーリズム）が社会的事象として出現する[2]。特に1970年に開催された万国博覧会や当時の国鉄によって行われたディスカバー・ジャパン・キャンペーンは、国民にとって観光をより身近なものへと導く契機になった。「みんなが行くなら私も」といった観光需要の増加に伴って、観光に関わる情報量も増大し観光者は容易に情報を得られるようになった。その背景には技術の進歩により情報を提供する手段が多様化してきたことが挙げられる。つまり新

---

[2] 前田（1995）は、同時代を「皆が出かける（参加する）ようになった時代」と位置づけレジャー関連産業の活発な活動が観光需要の拡大に大きく影響を与えたと説明している。

聞やガイドブック・小説などの紙媒体による観光情報から、旅番組など特定の地域を舞台にした映画・ドラマなどのメディア媒体による観光情報、そしてインターネットが普及すると電子メディアでの観光情報に拡大していった。もちろん、文字から写真、動画・音声など当時の先端技術を駆使した伝達手法は、情報伝達のイメージ性をより高くしたと言える。そして、それぞれが情報を発信することは、観光者にとって必要な情報を都合が良い手段から得ることを可能にし、利便性を向上させた。また、それらマスメディアが発信する情報の提供手段が多様化するに伴い、情報内容もより複合化してきた。例えば、ガイドブックが発行された当初は寺社仏閣を中心とする観光対象について歴史的な背景を文章で解説するものが主であったが、徐々に観光地に所在する飲食店や宿泊施設、土産物屋などの観光対象を取り巻く広域な情報を掲載している[3]。

　そして、情報提供の手段を大きく変えることになるのが電子媒体であるインターネットの登場である。それにより、これまで提供側による一方向の情報発信であったが、これまでの情報を受信する側にいた観光者が情報発信出来る双方向な情報発信を実現させたのである。

3. 観光情報の種類

　観光情報は、その種類や性質から多くの分類がなされてきたが[4]、Gitelson & Crompton（1983）は、観光情報の発信源を5つに区分している。Gitelsonらは、情報源を印刷媒体、放送メディア、旅行会社などのコンサルタント、ガイドブックやパンフレットなどの目的地に関する文献、多様な情報源（number types of information sources）の5つに

---

[3] 中村（2000）によると、マスメディアが発信する観光情報の変遷を整理し、1960年代のガイドブックについて飲食店や宿泊施設、土産品に関する情報の扱いは大きくなかった。しかし1970年代後半から雑誌（magazine）と書籍（book）の中間に位置づけられるムック（mook）形式の情報誌が登場し、観光対象だけでなく味覚やショッピング、宿泊施設に関しても多く紹介している。
[4] 中村（2001）は「観光行動に対する情報の役割に関する研究」『立教大学観光学研究科前田研究室』の中で、観光者の情報探索行動（Information Search Behavior）を扱ったこれまでの研究を整理・類型している。

区分している。一方、Fodness & Murray（1997）は、情報源が商業的
であるかそれとも非商業的であるか、個人間のコミュニケーションから
得る情報であるか、それとも非個人間のものから得るか、の2つの観点
から類型化している（表1）。

　前田（1995）は、旅行番組や特定の地域を舞台にしたテレビドラマや
映画・小説を「発地型情報」とし、その特徴としてイメージ性を重視し、
実際の観光行動に至るまでに時間差が生じることを指摘している。ま
た、テレビ番組や映画などは、観光者の目的地に対するイメージ形成や
来訪意思決定（動機付け）に大きく影響することも言及している。一方、
ガイドブックや旅行雑誌は実用性重視の「着地型情報」とし、旅行前や
現地行動の段階でも繰り返し利用できる特徴を挙げている。また、ガイ
ドブックが刊行された初期の頃は、観光対象の歴史的背景を文章で解説
する形式が一般的であったが、1970年代後半からカラー写真を多用し、
観光対象だけではなく飲食店や宿泊施設、土産物売り場なども多く紹介
しすることで実用性と新しさを強調する内容に移っていった。観光者の
旅行段階別に情報区分を考えると、発地情報は観光者の動機付けに影響
し、着地情報は旅行前の計画段階に主に影響すると言える（表2）。

　今野（2000）や中村（2000）のように、これまでガイドブックや旅行

表1　情報源による観光情報の分類

	非個人的	個人的
商業的	放送、ガイドブック、観光案内所、旅行ガイド	オートクラブ、旅行会社
非商業的	旅行雑誌、新聞	友人・知人、個人の経験、インフォメーションセンター

出所：Fodness & Murray（1997）

表2　特徴による観光情報の分類

	発地情報	着地情報
提供手段	テレビドラマ、映画・小説	ガイドブック、旅行雑誌
特　　徴	・イメージ性重視 ・観光行動までの時間差あり	・実用性重視 ・観光行動前や行動最中に繰り返し利用できる
利用段階	動機付け段階	計画段階

前田（1995）を基に筆者作成

雑誌など媒体発信による観光情報に注目する研究が多くみられたが、近年では客体である観光地や観光施設が発信する観光情報を対象にした研究も多い。例えば、地方自治体によるインターネットサイトの開設率が急速に伸びていることから、その内容分析や問題点を検討している研究がある。金（2002）は、自治体のインターネット・ホームページで提供されている観光情報を分析している。そこでは、60％以上の自治体が「味覚・交通・宿泊・土産・イベント・レジャー・観光地紹介」の全ての項目において情報提供していること、また80％以上の自治体で土産品やイベント、レジャー、観光地紹介の情報を提供していることを明らかにしている。一方、草瀬ほか（2001）は、インターネットの即時性、双方向性の2つの特性を挙げた上で、ホームページの更新頻度や電子メールによる意見収集の場の提供数から十分に活かしきれていない現状を指摘している。

　以上のように、媒体・客体が発信する観光情報はこれまでに多くの研究がなされている。しかし、観光情報はそれらの情報発信だけではなく観光の主体である観光者からも発信されている。その主なものが、家族・友人の話やインターネットの書き込みなどの口コミ情報である。

　主体発信による観光情報は、観光者が実際に経験した旅行内容を会話やインターネット上で発信することで、まだ来訪したことがない観光者に対して観光意欲を高めたり利便性を向上させる機能に働く。また、来訪した経験がある観光者と記憶を共有することで自身の観光内容を振り返り評価している。媒体や客体が発信する観光情報は、商品としての情報を組織が一方的に提供するのに対し、主体が発信する観光情報は、会話や質問の中で生成されるため対話型の双方向性をもつ特徴がある。また、それらの情報は文字や言語での情報提供が主となるが、対面では写真や映像、インターネットの書き込みでも画像や動画・音声を使ったマルチメディア方式で情報発信ができる。そのため提供者の意思によりイメージ性の高さが左右されることになる。一方、対話型の情報提供は質問や検索が可能であるため実用性は高く、情報も新しい。しかし、主体

が発信する観光情報は、観光者の記憶に依存した内容になり、また発信者の主体的な評価をもつので、内容の精度はあまり高いとは言えない。

　以上の主体発信による観光情報の特性と、媒体・客体発信による観光情報の特性を比較したものが表3である。情報の特徴として、重視する特徴、あるいは高い特性をもつものを「○」、その特徴はあるが十分に活かされていないものを「△」、その特徴について重視されていないものを「×」としたうえ評価した。

　主体発信の観光情報は、以上のような特徴をもつ。特に、質問や検索ができる双方向性を実現させたことで、これまでの情報提供が組織型から個人型になり観光者が自由に情報提供できるようになった。さらに、個人による情報発信を限定された家族・友人関係だけではなく、不特定多数の観光者が閲覧出来るようになった。以下では、インターネットの書き込み情報について概観し、その機能について言及する。

III. インターネットの書き込み情報

　日本観光協会（2009）によると、旅行の際に参考にする情報源としてインターネットを参考にしている観光者は年々増え続け、2006年からガイドブックやパンフレットを上回る結果が発表されている[5]。

　今日において、観光情報の提供や収集に重要なツールとなったイン

表3　観光の構成要素による観光情報の分類

発信源	主　体	媒　体		客　体
情報区分	発地・着地情報	発地情報	着地情報	着地情報
提供手段	口コミ、インターネット書き込み	テレビドラマ、映画、小説	ガイドブック、旅行雑誌	パンフレット、地図、観光案内所、ホームページ
イメージ性	△	○	△	△
実用性	○	×	○	○
新しさ	○	×	○	△
精度	×	×	△	○
双方向性	○	×	×	△

筆者作成

[5] 旅行の際に参考にする情報源として、家族・友人の話（37.9%）、インターネット（37.0%）、パンフレット（33.6%）、ガイドブック（32.1%）、旅行専門雑誌（30.1%）とある。

ターネットの普及を概観してみよう。インターネットを普及させる契機になったコンピューターの誕生は、1946年のアメリカで発明されたENIAC（電子計算機）に遡る。その後1981年IBM社によるパーソナルコンピューターが発売され、それまでの情報提供手段を大きく変化させることになった。国内では、1999年から一般家庭におけるカラーテレビの普及率を大幅に上回り、平成20年末のインターネット利用者数は9,091万人（前年より280万人増加、対前年度比3.2％増）、人口普及率は75.3％（対前年度比2.3ポイント増）である6。世代別の利用状況を見ると、13歳から49歳までがいずれの世代も90.0％を超えており、続く50歳代は82.2％、64歳までが63.4％と、20歳代・30歳代を中心に利用状況は高いと言える。

　日本観光協会は2009年の調査からインターネットのどのような情報を参考にしているのかを調査している。その結果はインターネットの広告を参考にしている観光者が19.2％、次いでインターネットでの書き込み情報が15.7％、ブログからの情報が2.1％であった。近年ではモバイル端末によるインターネット環境が著しく進化していることから今後も増え続けていくことが考えられる。以下では、インターネット書き込み情報について述べていく。

1. CGMの機能

　主体が発信する観光情報は、対面の会話の中で生まれる口コミ情報と、インターネット上で発信される口コミ情報に区分出来る。前者は、家族・友人など親しい間柄で行われ、情報の受発信もプライベートな空間であるのに対し、後者は不特定多数の人が受信することが出来るメディアとしての機能をもつという特徴がある。後者のインターネット上の口コミ情報は、特にConsumer Generated Media（以下CGMと略す）と呼ばれ、消費者生成メディア・消費者発信型メディアと訳されている。高谷（2008）はCGMを、その特性から今までマス・メディアが発信する情報の消費者にすぎなかった人々が情報を主体的に発信するための場としてのウェブサイトと説明している。その特徴として、消費者に

よって価値が生み出されていること・メディアであること、の２点が挙げられている。例えば、利用者が投稿・修正できるオンライン百科事典「Wikipedia」や動画共有サイト「YouTube」、レシピ投稿サイト「クックパッド」などである。これらは、利用者の投稿によって成立し、多くの利用者にとって必要な情報を見つけ出すための便利なコンテンツが充実し、情報が受け手に届く仕組みを提供していると言える。

2. SNS

　CGMの機能をもつウェブサイトの一つにSocial Networking Service（以下SNSと略す）がある。SNSは、利用者が友人を紹介し合って友人関係のネットワークを広げ交流することを目的にしたコミュニティ型のウェブサイトである。参加方式として自由参加方式と、既存の参加者からの招待がないと参加できない招待制があるが、多くのSNSでは招待制を採用しておりインターネット特有の匿名性を緩和する仕組みが取られているのが特徴である。世界初のSNSは2003年にアメリカで登場したFriendsterであり、その後2004年にGoogleのエンジニアによって開発されたOrkutが開設されたことを契機に国内でも2004年にmixiやGREEなどのSNSが開始された。サービス内容はSNSによって様々であるが、以下では国内での利用者が最も多いmixiについて概観する。

3. mixi

　SNSウェブサイトmixiは2009年9月30日現在で会員登録数が1,792万人を超えるウェブサイトである。利用者の交流を目的にしているため、メッセージを送ったり日記にコメントができるなど交流のための便利なツールが充実している。また特定のテーマごとに作られたコミュニティサークル専用の電子掲示板・メーリングリストを利用して情報共有や意見交換することが出来るため、利用者の関心があるコミュニティで友人関係のネットワークを広げることが出来ることも特徴である。

　『インターネット白書』（2009）によると、登録しているSNS（複数

回答）ではmixiが88.5％と最大で、続く二位にはモバゲータウン11.5％、GREE11.2％となっておりmixiの利用者が最も多い。SNSは、コミュニケーションをしながら友人関係のネットワークを広げていくことを目的にしており、mixiではコミュニティというコンテンツを利用して利用者の関心のあるテーマに沿ったコミュニティに参加することが出来る。利用者は、コミュニティの中で自由にトピックを作成し他の利用者がコメントを書き込んだり画像を貼付けたりできる仕組みになっている。また、日記を書くことが出来るのでその記事に対してもコメントを書き込むことが出来る。

　このようにして、個人が日記やトピックに書き込み、質問・回答を繰り返しながら対話をすると同時に情報提供をしている。ここでは、対話そのものが情報となるため情報の発信者だけではなく受信者もまた、情報発信者となる。そして、複数の情報発信者と受信者の対話がCGMとなり観光者が経験した旅行内容や感想・評価を紹介している。以下では、実際のインターネットの書き込みが観光者の旅行段階別にどのように利用されているのかを事例を取り上げて紹介する。

IV. 事例分析

　本稿では、香川県高松市の瀬戸内海に位置する直島を事例対象とする。直島は、2010年7月から100日間開催される瀬戸内国際芸術祭の中心となる島である。この芸術祭は、瀬戸内海に位置する7つの島[7]と高松市を会場にし、島の文化や生活と美術を融合させた現代アートのイベントである。また直島は、これまでも現代アートの島として多数のメディアに取り上げられ、また近年の入込観光客数も急速に伸びてきていることから直島を取り上げる。また、インターネットの書き込み情報サイトとして、利用者数が最も多いSNSウェブサイトmixiの直島に関係するコミュニティの書き込みを対象にする。

---

[7] 直島・豊島・女木島・男木島・小豆島・大島・犬島

　直島に関連するコミュニティを検索すると、43件のコミュニティが抽出される（2009年12月1日現在）。その中でも最もメンバー数が多い「直島」というコミュニティを事例対象にすることにする。このコミュニティは、2004年7月1日に開設され2009年12月1日現在では29,400人の登録参加者がいることが分かる。コミュニティでは、参加者が自由にトピックを作成でき、そのテーマに沿って自由にコメント欄に発言をしながら交流・情報交換が出来る仕組みになっている[8]。このコミュニティでは、186トピック（総コメント数1,571）が作成されており、その中でも2009年に書き込みがあるトピックは35トピック（総コメント数218）である。以下では、直島コミュニティのトピックに書き込まれたコメントを対象に有り無し評価を用いて分析を進める。

　対象にした直島コミュニティのうち、2009年1月1日00：00から2009年11月30日23：59までに書き込みがあった35トピックの中でコメント数が多い上位10トピックが表4である。トピックを作成した参加者によるトピック題名・説明文、そのトピックに書き込まれたコメント数を表にしている。

　最も多くコメントが書き込まれたトピックは、写真を投稿することを目的にした直島写真トピックであり、他のトピックに比べて書き込み数が多い。このトピックには、全体の書き込みのうち93.3％が写真などの画像が貼付けてあるコメントであった。それ以外のトピックはほとんど画像付きのコメントはなく、直島ごはんと題された飲食店に関するトピックでは19.2％、はじめましてトピック・はじめましてトピック2と題されたトピックでは、それぞれ13.3％、12.1％であった[9]。トピック全

---

[8] トピックを作成する際に「権限」を設定する場合もあり、その場合はコミュニティの管理者や管理者が選ぶ参加者のみトピック作成が許可される。「直島」コミュニティでも、2009年のトピックはほとんどが管理者による作成であり、重複した内容のトピックが乱立しないような処置がされている。
[9] その他のトピックでは、「緊急の質問」4.1％、「直島ッこがおしえます」2.2％、「今日直島にいる人」4.4％、「ゆったりひとり旅♪」5.1％、「民宿について」2.1％、「観光客のマナーについて」4.0％である。

体で見ると、イメージ性は必ずしも高いとは言えないが、他のトピック
に比べ写真を投稿するトピックにコメントが多いことから、直島の観光
者にとってイメージに対する関心は高く、情報発信の手段としてイメー
ジ性を重視していると考えられる。

　また、表4から質問・回答形式のトピックが多くあることが分かる。
緊急の質問と題されたトピックでは、質問のコメントから回答されるま
での時間がほとんどのコメントに対して24時間以内であった。このこと
から、インターネットの書き込みにおける双方向性を活かした情報発信
がされていると言える。

　一方、ゆったりひとり旅と題されたトピックは、トピックを作成した
参加者が「ひとり旅におススメの場所」を質問する内容になっている。

表4　コメント数上位10トピック

	トピック名	コメント数	内　容
1	直島写真	312	直島で撮ったあなたの一枚を。
2	緊急の質問	194	トピック内の検索エンジンで引っ掛からない質問・どこのトピックに質問すれば良いのか分からない質問・各トピックはあるけど緊急で知りたいことがある など…はこちらで受け付けます。
3	直島ッこがおしえます	181	直島ッこがわかる事、気付いたことなどを教えますよ♪みなさん☆ふんだんにこのトピックを利用してください♪…アートに関してはあまり情報もってないかもですが‥
4	はじめましてトピック	128	ないので作っちゃいました。 直島をどこで知ったか、直島を愛する想い、もう訪れた方の感想など、まとめて載せてしまえば見るのが楽かな、と思って。
5	今日直島にいる人	113	今直島きてます！かなり人少ないですよ。(˘–^*) いま僕が泊まっている民宿は僕しかいないし（笑） 明日はいっぱい人くるだろうな〜♪ ちなみにいま直島いる人います？
6	ゆったりひとり旅♪	101	来週、急に連休をもらったので、思い切ってず〜っと行ってみたかった直島に行くことにしました♪ とりあえず、航空券とパオの予約をとりました☆ 2泊か3泊の予定です★　今の時期に、それからひとり旅におススメの場所はありますか?? どうぞ、教えてください☆
7	民宿について［オススメ］［質問］［その他情報］	101	直島にある民宿についてはこちらでお願いします！
8	観光客のマナーについて、島民からのメッセージ	81	別のトピックでも徐々に語られていますが、直島の観光客が増加するのに比例してマナーの悪さが目立ってきているようです。このトピックにご意見を集約し、島民も観光客も気持ちよく直島で過ごせるような戒めになればいいなと思いますので、島民の方も直島でない方も宜しくお願いします。(大切なテーマだと思いましたので、個別にトピックを立てさせて頂きました)
9	はじめましてトピック2	66	はじめましてトピックがいっぱいになってたので、パート2です。 直島への思い、自己紹介、雑談、お知らせなどもこちらでどうぞ。
10	直島ごはん［オススメ］［質問］［その他情報］	52	直島のごはん、飲食店などなどに関することはこちらでお願いします。

直島コミュニティのトピック一覧を基に、筆者作成

しかし、このトピックは2007年2月に作成されたもので、2009年のコメント書き込みはひとり旅を計画している（あるいは、実行中）参加者が、自身のひとり旅の感想や「今から行く」などの旅行直前のコメントが全体のうち84％あった。「今から行く」、「○月○日に行く」といった出発に関係する内容のコメントが書き込まれていることから、観光者は旅行後に旅行経験を語るだけではなく、「旅行に行く」という観光者自身が観光情報となって情報発信されていることが分かる[10]。

　以上のことを踏まえ、観光者の旅行段階別に、動機付け情報・計画情報・出発情報・現地情報・評価情報に分類し[11]、さらにSNSの特性から交流情報を追加した6項目に情報区分する（表5）。その後、それぞれの項目のうち、観光対象・交通・宿泊施設・飲食店・イベント・土産品・モデルコース・その他の8項目に分類した有り無し評価を行う[12]。分類する際にあたって、書き込まれたコメントのそれぞれの項目に関連するワードがあるものを該当項目に振り分けた。

表5　旅行段階別にみる情報区分

情報区分	説　明
動機付け情報	旅行前の観光者に対して旅行意欲を高める情報
計画情報	旅行の計画時に利用される情報
出発情報	出発時もしくは旅行最中に発信される情報
現地情報	季節や状況によって変化する情報
評価情報	観光者の主観的な意識に依存する情報
交流情報	交流を目的にする情報

筆者作成

---

[10] 前田（1995）は観光の大衆化（マス・ツーリズム）を説明する際に、観光者の増大そのものが観光に関する新しい情報となり、その相乗効果によって「皆が行くなら私も」という考えが広がったことを指摘している。

[11] 大迫ら（2003）は地方市町村の観光情報サイトの掲載内容を、誘客情報・計画情報・現地情報・評価情報の4つに区分している。計画（静態）情報は、施設の立地や交通手段など観光者が旅行計画段階において収集する情報であるのに対し、現地（動態）情報は、花や紅葉の見頃や宿泊施設の空室情報などの季節や状況により変化する情報である。

[12] 金（2002）は地方自治体のホームページの掲載内容を、観光地の紹介・モデルコースの案内・レジャー施設の利用案内・各種イベント・土産品・宿泊・交通案内・味覚の8つに分類している。

　コメントが書き込まれたトピックのうち、コメント数が多い上位10トピックを有無評価したものが表6である。該当する項目に関係するコメントがあるものに「○」を、また観光施設や宿泊施設・飲食店の関係者による誘客を目的にしたコメントがあるものを「△」とした。

　表6から分かるように、コメントが多いトピックには現地情報・評価

表6　コメントの有り無し評価結果

		1 直島写真	2 緊急の質問	3 直島ッこがおしえます	4 はじめましてトピック	5 今日直島にいる人	6 ゆったりひとり旅♪	7 民宿について	8 観光客のマナーについて	9 はじめましてトピック	10 直島ごはん
コメント数		312	194	181	128	113	101	101	81	66	52
誘客情報		-	-	-	-	△	-	△	-	-	△
計画情報	観光対象	-	○	○	-	-	-	-	-	-	-
	交通	-	○	○	-	-	○	-	-	-	○
	宿泊施設	-	○	○	-	-	-	○	-	-	-
	飲食店	-	○	○	-	-	-	-	-	-	○
	イベント	-	○	○	-	○	-	-	-	-	-
	土産品	-	○	-	-	-	-	-	-	-	-
	モデルコース	-	-	○	-	-	-	-	-	-	-
	その他	-	○	○	-	-	-	-	-	-	-
現地情報	観光対象	○	-	-	-	-	-	-	-	-	-
	交通	-	-	-	-	-	-	-	-	-	○
	宿泊施設	○	-	-	-	○	○	○	-	-	-
	飲食店	○	-	-	-	-	-	-	-	-	○
	イベント	○	-	-	-	-	-	-	-	-	-
	土産品	○	-	-	-	-	-	-	-	-	-
	モデルコース	-	-	-	-	-	-	-	-	-	-
	その他	-	-	-	-	-	○	-	-	-	-
評価情報	観光対象	-	○	-	-	-	-	-	-	-	-
	交通	-	-	-	-	-	-	○	-	-	-
	宿泊施設	-	-	-	-	-	○	-	-	-	○
	飲食店	-	○	-	-	-	-	-	-	-	-
	イベント	-	-	-	-	-	-	-	-	-	-
	土産品	-	○	-	-	-	-	-	-	-	-
	モデルコース	-	○	-	-	-	-	-	-	-	-
	その他	-	○	-	-	-	-	-	-	-	-
交流情報		-	○	○	○	○	○	○	○	○	-

筆者作成

情報に該当するコメントが多く見られる。特に、年末年始やゴールデンウィークなど特定の休暇時期に混雑状況や、施設の開館情報・予約の必要性などを質問するものが多くあった。また、いずれのトピックでも質問・回答形式の書き込みや、特定の書き込みに対する意見・感想を書き込む交流情報があった。

　また、動機付け情報について、まだ来訪していない観光者によるコメントがあった場合に「○」をつけた。

　表を概観してみると、緊急の質問や直島ッこがおしえますという両トピックは、ほとんどの項目を満たしていることが分かる。特に、緊急の質問では、ほとんど全ての項目に「○」がつくことから、観光者の旅行段階に応じた観光情報が、幅広く・詳細に情報提供されていると予測できる。ガイドブックや旅行雑誌では、特定の地域に在る観光対象・移動手段・宿泊施設・飲食店など地理的な広域情報を提供していることがほとんどである。しかし、インターネットの書き込み情報では、インターネットの双方向性を活用して観光者の旅行段階という時間軸の情報提供がされているという特徴がある。以下では、項目数に最も「○」が多い評価となった緊急の質問トピックを取り上げ、コメントの書き込みについて内容の傾向を明らかにしていく。

V. 考察

　以上の結果を基に、インターネットの書き込み情報による観光情報を観光者の旅行段階別に情報区分すると、動機付け情報・計画情報・出発情報・現地情報・評価情報に分けられる。以下では、それらの項目について直島の事例における考察を進める。

1. 動機付け情報

　直島におけるインターネット書き込み情報では、動機付け情報と見られるコメントの書き込みはほとんどなかった。直島コミュニティに参加する利用者は、既に直島観光に対する意欲が高まっている観光者がほと

んどである。直島コミュニティが、自発的に参加を促す広告や宣伝を行っていないことから、参加者は検索機能を利用して直島コミュニティに参加していると考えられる。そのため、インターネットの書き込み情報は動機付けに利用されるよりも、それ以後の行動段階に情報が利用されていると言えよう。

2. 計画情報

　計画情報は、緊急の質問トピック・直島ッこがおしえますトピックなど質問・回答形式のトピックに多くコメントが書き込まれていた。計画情報は、ガイドブック・旅行雑誌、観光対象の地域や施設のホームページやパンフレットで調べられることが多い。しかし、それらの情報提供は、ほとんどが一方的に提供しており、質問や情報の更新が出来るホームページにおいてもあまりその双方向性は活用されていないのが現状である。そこで、インターネットの書き込み情報の双方向性を利用し情報収集を行っていると考えられる。その情報内容は、ガイドブックやホームページには掲載されていない情報・分かりにくい内容の情報について積極的に情報収集がされていると言える。

3. 出発情報

　出発情報は、旅行前もしくは移動時間などの旅行最中に発信される「今から行く」・「○月○日に行く」などの出発に関係する情報である。これらの情報は、主体発信による観光情報の特徴である。インターネットの書き込みは、情報発信の手軽さと情報発信の双方向性といった特徴がある。そのため、移動中や旅行中に情報発信する観光者がいる。そして、彼らの情報発信に応答する形で「私も」とコメントが書き込まれることが多くあった。

4. 現地情報

　現地情報は、混雑や渋滞情報など来訪時期や季節によって変化する情

報である。前田（1995）は、テレビドラマや映画・小説といった発地情報について実際の観光行動までに時間差が生じることを指摘している。しかしガイドブックや旅行雑誌などの着地情報についても、それらが紙媒体によって出版されるのでインターネットなどの電子媒体に比べ時間差が生じることになる。さらに、詳細な混雑状況や微妙な気候の変化をそれらに掲載させることは構成上難しいと考えられる。従って、観光者はインターネットの書き込み情報を利用して、自身の経過する旅行について不確実な要素を減らそうと情報収集していると考えることが出来る。

5. 評価情報

　評価情報は、観光者の主観的な評価や感想による情報である。既存研究から、観光地の評価において地理的な条件や訪問回数が影響することは周知の事実であるが[13]、直島におけるインターネットの書き込み情報では否定的な評価は確認されなかった。SNSにおけるコミュニティの参加は、その観光地に対して好意的な評価・イメージをもつ観光者による集まりであることが影響している。

6. まとめ

　以上の結果をふまえて、観光者の旅行段階別に利用される観光情報の発信比率について図示したものが図1である。インターネットの書き込み情報は、観光者の旅行段階別にみると出発後の観光行動中・もしくはその後の行動ほど情報発信・利用されていると言える。一方、媒体・客体発信の観光情報は、主に観光行動前の動機付け情報や計画情報を発信し、ガイドブックや旅行雑誌などの着地情報は観光者の旅行中にも繰り返し利用されている。

---

[13] 例えば、金（2005）は温泉地を事例に、観光地の評価と観光者が認識しているイメージとの関わりについて自由連想法を用いて考察している。その結果、地理的条件が評価に影響を与えること・訪問経験者は経験のない場合よりも高い評価をすることを明らかにしている。

　従来の媒体・客体発信による観光情報は、観光地の限られた範囲の情報を詳細に提供することがほとんどである。それらは、紙媒体や映像媒体による情報提供であり、一方向の情報提供である。そのため、情報を利用する全ての観光者に対して、同じ情報内容を提供している。この画一化された情報提供は、商品としての情報を大量に流通させていると言えよう。このような情報提供は、マス・ツーリズムに対応していると考えられる。マス・ツーリズムでは、大人数で同じコースを旅行するため、提供される情報内容は全ての観光者に対して同じ内容になるためである。

　一方、インターネットの書き込み情報は多数の観光者による情報提供のため、情報の発信量は多く、一つの情報（コメント）は詳細な内容とは言えない。しかし、それらの情報は検索や質問が可能であるので双方向性をもつ。そこで、観光者はコメントに対して興味を抱いたり疑問がある場合は、直接そのコメントに対して質問し詳細な情報を得ることが出来る。そのようにして、膨大な量のインターネット書き込み情報から必要な情報を選択し、質問・回答の会話形式で情報内容を掘り下げていると言えよう。このような情報提供は、広く浅い情報を求めるマス・ツーリズムに対して限定された分野における詳しい情報を求めるSpecial Interested Tour（以下、SITと略す）に対応した提供方法と考えられる。

　SITでは、趣味や食物、買物など明確な目的に沿った観光行動をとるため、観光者の目的や状況に合わせた情報提供が必要になる。そこで、インターネットの書き込み情報の双方向性を利用して、会話をしながら情報提供をしていると言えよう。

VI. 終わりに

　観光情報は、ガイドブックや旅行雑誌など媒体発信による観光情報、観光地や観光対象など客体発信の観光情報、そして観光者自身による主体発信の3つの情報源から分類できる。本稿では、主体発信による観光情報に注目し、インターネットに書き込まれた観光情報を類型化し、観

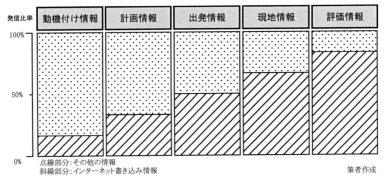

図1　旅行段階別の情報発信比率

光形態に合わせて情報の提供方法が二極化していることを明らかにした。マス・ツーリズムからSIT型観光に移行していくに伴って、上述通り情報提供の双方向性がより求められることが予測される。これらを踏まえると、双方向性を有する情報提供の手段であるSNSによる観光情報の提供はさらにその位置づけが高まることが期待できる。とりわけ、SIT型観光に対応した情報提供にその有効性があると言えよう。今後その有効性の検証の必要があると考え、さらなる研究が進むことを期待する。

参考文献

伊藤　史（2007）『消費者発信型メディアCGM』毎日コミュニケーションズ

梅棹忠夫（1999）『情報の文明学』中央公論

大迫道治・南　賢二・藤井和久（2003）「地方市町村の広域連携によるインターネット観光情報サイト整備に関する研究」『日本観光研究学会論文集』No.18, pp.141-144

岡本　健・山村高淑（2008）「観光行動中に観光者が得る情報に関する一考察」『日本観光研究学会論文集』No.23, pp.483-484

岡本伸之編（2001）『観光学入門』有斐閣アルマ

金　德謙（2002）「インターネット・ホームページに見る自治体が提供する観光情報の分析」『総合観光学会誌』No.1, pp.117-125

金　龍天（2005）「観光地評価におけるイメージの影響に関する考察」『日本観光研究学会論文集』No.20, pp.65-68

草瀬美緒・松井啓之・亀田栄一（2001）「インターネットによる地方自治隊の情報受発信に関する基礎的研究」『日本社会情報学会会誌』No.13（2）

今野理文・十代田朗・羽生冬佳（2000）「観光ガイドブックにみる観光地のアピールポイントの変遷」『日本観光研究学会論文集』No.15, pp.57-60

佐藤美沙・橋本俊哉（2004）「観光情報の利用実態分析-鎌倉における調査結果をもとに—」『日本観光研究学会論文集』No.19, pp.37-40

総務省（2009）『平成21年度版　情報通信白書』

中村　哲（2000）「観光情報の変遷に関する研究」『日本観光研究学会論文集』No.15, pp.227-228

中村　哲（2001）「観光行動に対する情報の役割に関する研究」『立教観光学研究科紀要』No.3, pp.49-54

中村　哲（2001）「宿泊施設の広告表現に対する潜在的観光者の反応に関する研究」『日本観光研究学会論文集』No.16, pp.5-8

日本インターネット協会編（2009）『インターネット白書』

日本観光協会（2009）『平成21年度版　観光の実態と志向』日本観光協会

前田　勇（1995）『観光とサービスの心理学』学文社

前田　勇（2003）『21世紀の観光学』学文社

安島博幸（2004）「変革期にある観光情報の提供」『月間観光』140号　日本観光協会

吉田　肇（1993）「観光情報の認知特性と行動特性に関する実証的研究」『日本都市計画学会学術研究論文集』Vol.28, pp.31-37

Fodness & Murray（1997）Tourist information search, Annals of Tourism Research, Vol.24, No.3, pp.503-523

Gitelson & Crompton（1983）The Planning Horizons and Sources of Information Used by Pleasure Vacation, WINTER1983

参考URL（2009年12月1日閲覧）

「mixi」 http://mixi.jp/

第4章　学びの場としての小豆島遍路

大賀睦夫研究室

はじめに

　2009年度、香川大学経済学部大賀研究室は、「観光の視点で見る小豆島遍路」のテーマのもと、実際に小豆島を歩いてお遍路の魅力を発見することを一年間の課題とした。

　近年、自分自身を見つめなおしたい、自分の生き方を考えたいといった動機でお遍路をする人たちが増えている。これを哲学的遍路と呼ぶ人もあるが、われわれは「宗教とはいえないがスピリチュアルな価値を求める旅」という意味で、スピリチュアル・ツーリズムと呼んでみた。そのような視点から、お遍路の魅力、お遍路の現代的意義を考えてみようとしたわけである。

　歩く場所を四国ではなく小豆島にしたのは、小豆島遍路が本格的遍路でありながら、約一週間で全体を回れることと、なにより学生諸君の巡拝中の交通安全を考えてのことであった。四国遍路は交通量の多い一般国道を歩くことが多いので集団で歩くと危険度が高い。スケールの大きさはもちろん四国遍路であるが、どちらが自然がより多く残っているかといえば、小豆島であろう。小豆島遍路にはそういう魅力もある。

　この一年間で小豆島を歩いて一周する予定であったが、実際に歩けたのは、小豆島全体8コースの内の6コース、つまり4分の3であった。それとは別に一日バス遍路を体験した。これは歩き遍路とバス遍路を体験して比較するためである。研究室での授業では、お遍路の概説書を学んだり、出版されているお遍路体験記を読むなどの勉強をしてきた。

　本稿は、そのような大賀研究室[1] のこの一年間の活動のエッセンスを二

---

[1] 2009年度の大賀ゼミの「観光の視点で見る小豆島遍路」プロジェクトに参加した学生は次の11名である。岡田佳奈、北出聖治、久保由希乃、武市佳久、津田裕太、徳島也、西山優樹、野口浩輝、浜西実咲、水野晃浩、宮内崇匡。

部構成のレポートにまとめたものである。第一部は、教員（大賀）による若者に向けたお遍路紹介の文章である。お遍路は古くて新しい。お遍路は現代人のニーズに応えているからこそ、ブームと言われる現象が起きている。そこに注目して「お遍路の現代性」というタイトルにした。[2)]

　第二部はゼミ生による小豆島遍路体験記である。小豆島遍路の特徴などをゼミ生で分担執筆した後、ゼミ生全員のお遍路体験記が収録されている。お遍路においても高齢化の波がおしよせているのが小豆島である。お遍路は若者にもっと受け入れられてもよいのではないだろうか。そのためには何が必要だろうか。そのようなことを考える上で、若者が小豆島遍路をどう経験したかという報告は、それ自体資料としての価値が大いにあるように思われる。

（大賀睦夫）

第1部：お遍路の現代性

1. お遍路は学びの場

　お遍路は「お四国病院」といわれる。あるいは「お四国大学」と言われたりする。[3)] それだけお遍路には人を癒す力があるということであり、またお遍路から学びうるものがあるということである。お遍路を病院にたとえるなら、そこにはどんな診療科目があるのかと問うことができよう。お遍路が大学なら、どんなカリキュラムがあるのかと問を発することもできよう。それに対して解答を与えることが、すなわちお遍路の魅力と現代性について語ることになるであろう。以下では、お遍路は現代社会のどのような課題に応えるのか、われわれはお遍路を通してどんなことを学びうるのかということを具体的に示してみたいと思う。

　なおこの第一部の文章は、香川大学経済学部ツーリズム研究会『地域

[2)] この文章は、香川大学経済学部ツーリズム研究会『地域観光の文化と戦略』（2010）所収の拙稿を縮小し再録したものである。
[3)] 「お四国大学」「お四国病院」は辰野和男氏が紹介していることばである。辰野（2001）、146、196ページ参照。

観光の文化と戦略』(2010) に収録した拙稿「お遍路の現代性」を本報
告書の学生諸君の文章とのバランスを考え、適宜縮小して再録したもの
である。より詳しい内容はそちらをご覧いただきたい。

2. 空海の思想を学ぶ

　お遍路を通して学ぶことの筆頭に、「空海の思想を学ぶ」をあげるべ
きであろう。お遍路は弘法大師空海のゆかりの地を訪ね歩く旅である。
「同行二人」といわれるが、それは巡拝中、常に弘法大師とともにある
という意味である。お遍路は必然的に空海の生涯と思想について学ぶこ
とにつながってくる。そしてしばしば、空海の思想には現代的意義があ
ると言われる。それはどういうことであろうか。

　空海研究の大家、宮坂宥勝氏は、「現在、弘法大師空海の存在は確実
に時代の脚光を浴びつつある」と言う。[4) 19世紀以来の科学万能主義の
思潮に対して、科学技術の限界を覚醒させ、人間理性の増上慢を誡める
のが空海密教だと宮坂氏は言うのである。

　総本山金剛峰寺座主、松長有慶氏も、自我を中心として対立的に世界
をみる近代思想から、宇宙的視座をもって全体的、相互関連的に世界を
見る密教の立場への転換を唱えている。このように、宮坂、松長両氏と
も近代思想を批判的に考察する上で空海の思想が有効だと考えている。

　両者は、空海の思想の現代性について総論的な紹介を行っているだけ
であるが、最近、空海の思想の現代性について詳細に論じた書物が刊行
された。村上保壽『現代社会を弘法大師の思想で読み解く』2008である。
この書物は、西洋哲学の方法論で空海の思想にアプローチしているとこ
ろにその特徴がある。

　村上氏は、20世紀の西洋哲学思想は人間の自己疎外を問題にしたが、
人間の実践的なあるべきあり方を開示しえなかったと批判する。なぜ開
示しえなかったか。「それは、彼らが人間存在の『その存在』にこだわっ

---

4) 宮坂 (2003)、9ページ。

たからではないか」という。⁵⁾人間のあるべきあり方は、人間を含めた一切の存在者の存在の事実性からのみ告げられるのであり、決して人間存在の事実性のみから明らかになるものではない。そのことに気づいていたのが、釈尊の仏教であり、弘法大師の密教思想である。弘法大師の思想の特徴は、人間の存在を人間の主観的な視点や主体性からではなく、そのような視点や主体性を離れた視座から捉えているところにあるという。以下、村上氏の書物に拠りながら弘法大師の現代的思想性について紹介してみたい。

　村上氏は弘法大師の存在論を次のようにまとめている。現代人は主体と客体という二つに分断された存在のあり方に慣れ親しんでいる。私が犬を知るとき、知る私の意識と知られる犬は異なった存在次元にいる。そこには二分された存在のあり方がある。しかし、それは存在の本来のあり方ではない。弘法大師によると「精神と物質、心と体が主客に分裂することなく一体として存在しているあり方がすべての存在者の本体的（本源的）なあり方・存在の実相である」。⁶⁾「即身すなわち存在者の本源的なあり方とは一つの全体的秩序の中で互いに関係しあって存在している。……ネットワークつまり一つの全体的秩序から切り離された、あるいはいかなる関係性も有しない個のあり方は、本源的なあり方ではない」。⁷⁾

　そして、その存在の関係性は具体的には「互為依正（ごいえしょう）」の構造もった関係性であるという。「（互為依正の関係とは）人間が主人となって自然を支配していると同時に、自然が主人となって人間を支配しているという相互的な制約と依存の関係」である。⁸⁾人間と自然との共存といっても、決して人間中心の共存ではないのである。

　弘法大師はまた「六塵悉く文字なり」という。大自然の一切の現象が文字であるという意味である。「この大自然あるいは現象世界の一切のモノが実相を明らかにする『ことば』を語っています。……この真言ともいえる『ことば』の特徴は、人間の主観的な認識の言葉ではなく、人

---

5)～8) 村上（2008）、10ページ、16ページ、22ページ、26ページ。

間を含めた存在そのものの言葉であるということです。それ故に、われ
われはこの『ことば』によってはじめて存在そのものを把握（直感）し、
それ自体と同化一体となることができるのです」。[9]

　かなり難解な表現と感じられるかもしれないが、要するに、空海の思
想の現代性についていうと、紛争の続く国際社会、危機的状況にある地
球環境など、現代の地球規模の諸問題を解決に導く鍵が、弘法大師空海
の思想の中にあるということである。一言でいうと、それは人間の視
点、人間中心の見方を離れよということである。

　われわれがお遍路をして、一木一草にも自分と同じいのちを感じると
き、空を見上げて天の高みは精神の高みだと感じるとき、存在するもの
すべてに感謝という気持ちがわきおこってくるとき、われわれは空海の
思想を実践していることになるであろう。

3. 身体論を学ぶ

　お遍路から学ぶことの第二は身体論である。お遍路ではひたすら歩
く。短い距離であれば歩くことは楽しいが、延々と歩くのはつらい。疲
れるし、体のあちこちが痛み始める。それでも歩く。そこに何の意味が
あるのかと考え始める。そして歩くという身体運動が精神に及ぼす影響
に気づくことになる。がまんして歩くことが精神の向上にもつながるの
だと。このようにして、身体論はお遍路にとって身近なものになる。

　たしかに、歩くからこそドラマがある。坂道を登る苦しみがあるから
こそ平地を歩く楽がある。歩くことで四国の人たちとの交流も起こりう
る。自然との一体感を味わえる。無我の境地にも入れるというものだ。
また、歩かなければお遍路における修行という性格はきわめて希薄なも
のになってしまうであろう。毎日長い距離を歩くという行を課すことに
よって、体も心も鍛えられる。実際に歩き遍路を体験すると「心身一如」
を実感する。体を動かすことで心の癒しがあるという不思議さに心打た

---

[9] 村上、30ページ。

れるのである。これこそ現代人が取り戻すべきテーマではないだろうか。

　お遍路に限らず、昔の人は長距離をよく歩いた。それは現代人の生活から失われた習慣であり文化である。現在では、生活習慣病の一因にあげられるほど、われわれは運動不足に陥っている。現代の日本人は「足腰が弱くなり、からだの中心軸が失われてきつつある」といわれる。[10]フーコーを引用するまでもなく、われわれの身体は時代のシステムの所産であることは明らかである。現代人の身体は、自然から切り離され生命力を失っていると言わざるをえない。

　心身一如、心と体がひとつとは、われわれがお遍路から学ぶことであるが、それは現代日本人が見失っている考え方であり、再発見しなくてはならない思想なのである。なぜなら心と体は別物という考えが近現代の原理になっているからである。哲学者の黒崎政男氏は、彼自身、いまは陽性で元気でポジティブな人間になったが、以前はシニカルで暗くてネガティブな人間だったという。そして「気分が暗いというのは、最初は頭脳の問題だと思っていた。世の中にはネガティブなことがいろいろと充満しているので暗い、考えすぎるから暗いと思っていたのだが、そうではなくて、それは身体が生き生きしていないときに暗いのである。身体が生き生きして健康な状態にいると、状態は悪くてもなにか明るいのである」と述べている。[11]

　同じことがお遍路についても言えるのではないかと思う。私は「お遍路的問題解決」というものがあるのではないかと考えている。それは、お遍路が直接問題を解決するわけではないが、長い距離を歩き通すという身体活動によって、人生の問題に対処する姿勢が変わってくるのである。

4. 人間性心理学を学ぶ

　次に人間性心理学的観点からお遍路を考察するということを考えてみたい。お遍路をして生きる意味を見出すことができた、生かされている

---

[10]　斎藤 (2000)、2ページ。
[11]　黒崎 (2005)、171、172ページ。

ことに感謝したという人がたくさんいる。

　このようなお遍路での体験は、本人にとっては自己実現の過程における一こまである。歩いていて「頓悟」したと書いている人もいる。それは一種の至高経験といえよう。もっとよい生き方をしたい、もっと人を愛せる人間になりたい、そのような人生を模索するためにお遍路をするという人がたくさんいる。そしてお遍路の過程で至高経験ともいえる忘れがたい経験をする。そのような人間心理を研究する心理学が人間性心理学である。つまり人間の心の病的な側面に関心をもち、心の病を治すための心理学ではなく、正常な人間がさらに人間的向上めざすという人間心理の側面に力点を置いた心理学である。その創始者はアメリカの心理学者アブラハム・マスローで、自己実現、至高経験は彼が使用した学術用語である。

　マスローは自己実現に向かう行動として八項目を取り上げている。それらを紹介して、お遍路との関係を考察してみよう。第一に、自己実現とは、完全に熱中し、全面的に没頭し、無欲になって、十分に生き生きと経験することである。第二に、人生を、次から次へと選択する過程と考えようということである。第三に、内面の声に耳を傾けること。第四に、迷ったときには正直になること。第五に、以上第一から第四を随時実行すること。第六、自己実現とは人間の可能性を実現する過程である。第七、至高経験は自己実現の瞬間的達成である。第八、自分自身に自分を開くこと。[12]

　マスロー自身は、自己実現について考察するきっかけは、ルース・ベネディクトとマックス・ウェルトハイマーという二人の先生に出会ったことだったというので、この両者はこれらの八項目を体現していたような人物だったのであろう。われわれにとって自己実現は理想であるが、必ずしも自分の可能性を十全に花開かせることができているわけではない。むしろ人生とは迷いの連続であろう。そこにお遍路に出る理由がある。

---

[12] マスロー（1973）、第三章を参照。

　上司と意見が合わず会社を辞めてお遍路に来たという若い女性がいる。「毎日自分にとって仕事ってなんだろうと考えながら歩いています」と日記に書いている。お遍路でひとり、ひたすら歩きながら、自分自身と向き合い、本当に自分がしたいことは何なのかと問いかける。マスローがいう「内面の声に耳を傾ける」、「自分に正直になる」態度がそこにある。お遍路には熱中もあるし、生き生きとした経験もあるし、悟りもあるかもしれない。お遍路は自己実現そのものではないかもしれないが、少なくとも自己実現へ向かう大きな一階梯といえると思う。

5. メタファー論を学ぶ

　お遍路という単なるウォーキングから、われわれはなぜ人生の知恵を学ぶことができるのかという疑問が出てくるのは自然なことである。ここで役立つのがメタファー論である。メタファーとは隠喩、すなわち「ある物を別の物にたとえる語法一般」のことである。（広辞苑）たとえば「空港のテロ対策は穴だらけ」の「穴だらけ」はたとえである。「論文執筆に行き詰まる」の「行き詰まる」もたとえである。「困難を乗り越える」の「乗り越える」もたとえである。このようにわれわれは日常生活においてメタファーを無意識のうちに数多く使っている。われわれが何か抽象的な事柄を表現しようとするとき、具体的な事柄でたとえることが多いということをメタファー論は明らかにする。

　お遍路はこのようなたとえ話によって人生について学ぶ行といえるのではないかと思う。お遍路にはそのための仕掛けがあらかじめ用意されているように思われる。まず遍路衣装の白衣であるが、これは「死に装束」とされている。この「死」はもちろんそれですべてが終わるという死ではなく、再生ということだろう。新しい人生のために古い自分は死ぬのである。つまり白衣を着ることは新しい生き方をするという意味である。金剛杖は弘法大師の身代わりとされる。杖は支えであり力であるから、これを弘法大師にたとえることは理にかなっている。

　巡拝の途上は「同行二人」であり、どんなに嫌なこと、つらいこと、

苦しいことがあっても、それはすべて弘法大師のはからいとしてありがたく受け入れるべしという約束事がある。このような枠組みのもとでお遍路さんは歩きはじめる。「歩く」は「生きる」の意味であることは誰しも知っている。結婚の誓いで「これから二人で力を合わせて歩いていきます」と言うように、われわれは人生を無意識のうちにウォーキングにたとえている。以上から明らかなように、お遍路は人生のたとえ話であり、弘法大師の教えを支えにして、人生の生き方を学ぶ行なのだと思う。

お遍路はその途上で出会う森羅万象からメタファーによって学ぶものだという考えは、前述の「六塵悉く文字なり」という空海のことばによっても根拠づけられる。空海はこの世界のすべてが何かを語っている文字であるという。われわれはそれを解読し、そこから学ぶことができるのである。

さて、それではお遍路さんが実際にお遍路から何をどのように学んでいるか、いくつかの実例をあげてみよう。造船会社を定年退職してお遍路を始め、今では四国霊場公認先達になっている人物が語ってくれた話である。「退職した年に妻の希望で一緒にバス遍路ツアーに参加した。そこで初めて歩き遍路をしている人を見かけた。こんなに長い距離を歩いている人がいるのかと驚いた。そして歩き遍路をしている人の姿が神々しく見えた。よし来年は絶対に自分が歩き遍路になろうと決意した。翌年、それを実行した。一番札所の霊山寺の山門に立った時、この年になっても歩き遍路ができる丈夫な体を両親から授かったのはありがたいと思うと感謝で目頭が熱くなった。歩き出すとたびたび道に迷い、そのたびに心細くなる。オレはこんなことでおろおろするような人間だったのかと思う。会社でも家庭でも、自分が大将で、あれこれ命令してきた。しかし、ほんとうの自分はこんなに頼りない人間だったのだ。しばらく歩くと疲れて歩けなくなる。背中のリュックが重い。そのときお大師様の声が聞こえる。なんでも自分でかかえようとするな、荷物をすてなさいと。人生を振り返ると、私はなんでも自分でやらないと気が済まない人間だった。もっと仕事では部下に、家のことは家人にまかせ

てもよかった。お遍路にもあれがいる、これがいるとたくさんもってき
て荷物が増えてしまった。いらないものは全部送り返して身軽になっ
た。歩き遍路で何周もしたのは、お遍路をするたびに、今回はここがう
まくいかなかった、次はもっとうまくやろうと思うからである」。

　ここで話者が遍路と人生を重ねていることは明白である。歩き遍路が
神々しく見えるのは自分の足で人生を歩くことと重なるからであろう。
丈夫な体を授けてくれた両親に感謝して涙を流すのは、おかげでこれま
で60年の人生を無事に過ごせたことに思い至るからである。お遍路で道
に迷うのは人生で道に迷うことである。背中の重荷は人生の重荷であ
る。お遍路で経験することが人生と重なるからこそ感動がある。

　別の事例である。「定年退職を機会に妻と二人で歩き遍路にくること
ができた。私が行こうと言いだし、妻はお付き合いのはずだったが、お
遍路を始めるとすぐに私が足を痛めてしまい、毎日妻に自分の足の面倒
をみてもらっているのは情けない。考えてみると、これまでの人生も自
分が金をかせぎ妻の面倒をみてきた、リードしてきたのは自分だと思っ
ていたのだが、実は妻に支えられ助けられて今日までくることができた
人生だったと気づいた」。ここでもお遍路を人生としてとらえることで、
このような気づきがあるのだと言えよう。

　また別の事例。自転車遍路をしている若者である。「自転車を押して
登りながら、何度下の楽な道を行こうと思ったことか。しかし、そうし
たら負けになると思ってがんばった」。自転車を押して坂道を登る場面
は、人生の困難に直面する場面に重なる。スポーツなら「無理しなかっ
た」と笑って済ませることができるが、ここでは人生の生き方にかか
わってくるから譲れないのである。

　以上見てきたように、「人生即遍路」（山頭火）なのである。[13] お遍路
で出会うことすべてから、お遍路さんは何をどのように学ぶのかをメタ
ファー論を参考にしつつ考察していくとお遍路の本質がよく見えてくる

---

[13] 横山（2003）、16ページ参照。

ように思われる。

6. 現代日本社会について学ぶ

　お遍路はまた、現代日本社会について考えることに直結してくる。お遍路さんの世界をのぞいてみると、そこはまさに現代社会を映す鏡であると新鮮な驚きを感じる。定年退職した人たちが新しい生き方を模索してたくさん歩いている。夏休みには大学生が多いが、それ以外の季節で若い人たちというと、多くはリストラで失業した人たちである。「お遍路の誰もがもてる不仕合せ」（森白象）。妻を亡くした、夫を亡くした、息子を亡くした、友人を自殺で亡くした、うつ病になった、仕事が見つからない、自殺未遂だった、等々の問題を抱えた人たちがたくさん来ている。まさに現代日本社会の諸問題の縮図という印象を受ける。お遍路動機を知ると、現代社会の問題について深く考えさせられるのである。

　いくつかのお遍路さんの例をあげてみよう。NHKが放送した「2008年の遍路たち」に登場したお遍路さんのひとりは、前年始めた事業が行き詰まり、その後うつ病になった30代の男性だった。奥さんの実家の農業の手伝いをしていたが、自らの力で病気を克服したいと元旦から歩き遍路を始めた。40日歩き続けて無事結願することができた。その日は大窪寺の近くの宿に泊まり、翌朝、奥さんが宇和島から車で迎えに来た。「がんばりすぎて病気になった。力抜いていいんじゃないかと思います。……また新しい人生を見つけていきます。新しいスタートです」と語る。

　この番組に登場するもう一人のお遍路さんも30代の男性である。お遍路をする理由を次のように語る。結婚を前提に長年同居してきた女性と別れた。しかもリストラで職も失った。まさか職まで失うとは思ってもいなかったという。そのとき、ふと心に浮かんだのが遍路だった。仙遊寺の住職に「遍路とは今風に言うとリセットだ」と励まされ、しきりにうなずく。まだお遍路の途上であるが、「終わったときには、次の人生を充電したような形で始められるのではないかと思います」と語る。

　旧稿にも引用させてもらったが、お遍路で救われた、心の避難所四国

があってよかったという若いお遍路さんの声がある。人生の問題を抱え
た人々が、お遍路をすることで自分なりの答えを見出すのはすばらしい
ことである。しかし多くの事例を見ていると、それと同時に、日本社会
はずいぶんアンバランスな社会ではないかとも思わざるをえない。成
功、成長、勝利、そのようなプラス面にばかり注意を払って、うまくい
かない場合にどうするかということが「自己責任」の名のもとにほとん
ど無視されているのではないだろうか。多くの人々を生死の瀬戸際にい
とも簡単に追い詰める日本社会の問題を考えずにはいられなくなる。

　代表的な事例として自殺を考えてみたい。1998年以降、それまで2万
人台だった自殺者が3万人台に急増し、その状態が今日まで継続してい
る。『自殺論』のデュルケームが言うように、自殺は個人的なものでは
なく、社会的なものである。[14] 社会の仕組みが毎年一定の自殺者をつく
りだす。日本の場合、この10年間の自殺増の原因は、主として派遣切
りと中小企業経営者の困窮ではないかといわれている。上に紹介した
NHK「2008年の遍路たち」の二人のお遍路さんは、困窮する中小企業
経営者と派遣切りにあった労働者の代表のようにも感じられる。

　派遣切りなどで困窮した人たちがお遍路に来て、お接待その他の励ま
しで力を回復し、新しい再出発をしているという事実を考えると、あら
ためて長い歴史をもつお遍路の力に畏敬の念を抱かずにはいられない
が、同時に、現代のわれわれはそのようなものに頼るだけでなく、「再
チャレンジ支援」の具体的制度をつくるなど、社会の責任としてもっと
知恵を絞らなくてはならないのではないかと考えずにはいられない。

7．現代型観光について学ぶ

　最後に、観光という観点からお遍路を眺めてみよう。近年、お遍路を
する人が増えているが、それが仏教の修行としてのお遍路でないことは
明白である。現代の日本人にそのような信仰心があるわけではない。む

---

[14] デュルケーム（1985）、375ページ。

しろお遍路も観光のカテゴリーで考えられることが多いといえよう。

　旅行会社のチラシには様々なパックツアーのひとつとして四国霊場巡りが入っているし、小豆島観光協会のサイトにも島四国霊場の項目が立てられている。お遍路さんの数は定かではないが、四国遍路で年間30万人といわれる。小豆島遍路の場合、霊場会の統計では約３万人とのことである。地域の観光産業という観点から見てみると、量的にはさほどでもないのかもしれない。小豆島の観光客は100万人を少し上回る程度といわれているので人数では３％程度ということになる。しかし、観光地小豆島につけ加えている魅力ははるかに大きなものがあると思う。寒霞渓、おさるの国、映画村、オリーブ園、エンジェルロード。それだけなら小豆島の観光はいかにも貧しいという印象を避けがたい。歴史ある島四国の霊場こそが小豆島の観光に品格と重厚さをつけ加えているように思われる。また、お遍路さんは毎年繰り返し訪れる人たちである。それだけ小豆島の魅力に引き付けられている人たちである。実は、お遍路をしなければ見られない絶景が小豆島にはたくさんあるのだが、これも意外に知られていない。

　島の人たちもお遍路の魅力を再発見しつつある。島の人たちがお遍路をするようになったのは比較的最近のことだという。かつては島外、とくに山陰、北陸地方からお遍路さんはやってきた。もちろん歩き遍路なので島の人たちとの触れ合いがあった。島の人たちはお接待をし、こどもたちはお遍路さんから豆をもらう習慣だった。しかし、現在のお遍路さんはほとんどが車かマイクロバスである。島の人たちと触れ合う機会も少なくなった。今では地元の人たちが歩き遍路をするようになった。お遍路ブームといわれるが、本四国のお寺はにぎわっているが、小豆島にはそのようなブームはない。島の人たちが歩き遍路をするようになったことが、新しい傾向である。

　団体旅行がブームだった時代の観光に対して、現在は「新しい観光」の時代といわれる。お遍路を観光として見ると、それはそのような「新しい観光」のひとつということができよう。前述のとおり、筆者は以

前、お遍路に「スピリチュアル・ツーリズム」という名称をつけてみたのであるが、その特長として、観光であるとしても単なる物見遊山ではなく、なんらか神仏に触れる体験をしたいという動機があることを指摘した。宗教ではないが、それを通して人生の意味を考え直したい、よりよい生き方ができるようになりたいと考えている人たちである。

　気楽に車を利用してお遍路をし、ついでに従来型の観光もするという人たちも、お遍路ではなんらかスピリチュアルな価値を求めている場合が多い。昨年11月にそのような小豆島遍路をしている団体のリーダーにインタビューする機会を得たので、現代のお遍路さんの団体がどのようなものなのかここで紹介しておきたい。

　この会は兵庫県豊岡市の団体で、会員数200人。リーダーのM氏は70歳。お遍路は曽祖父から代々続いている。会員はほとんどが定年退職者である。活動は、一泊二日の小豆島遍路を春と秋に行っている。3年間で小豆島八十八箇所を一周する計画である。秋の遍路ではスケジュールにみかん狩りも入れている。遍路は歩きでなければならないとか、3泊とか7泊とか厳しいことを言えば、会員は減るばかりである。会で大事にしていることは「信仰、観光、健康」である。お遍路を通して仲間づくりをすることを楽しんでいる。小豆島遍路が中心であるが、地元の但馬六十六地蔵巡り、三十三観音巡り、それに四国遍路もする。総会は年一回。グランドゴルフをするなど親睦を深めている。会費はとらない。口コミで会員は増え、200人ぐらいいる。今回は69人が参加した。今回は小豆島の霊場を回った後、みかん狩りもした。一泊して明日は徳島の霊場を回って帰途につく。宗教色は少ない。宗教を強調すると会員は減る。ただお遍路を通して人間性を高めることが目標と考えている。小豆島遍路の魅力は山岳霊場である。洞窟内での護摩焚きで一時にせよ現世を忘れる経験ができるのがすばらしい。

　このようにこの団体のお遍路の目的には、親睦を深めること、健康に過ごすこと、観光気分を味わうこと、そして精神的満足を得ることが含まれている。観光的要素も取り入れたお遍路だからこそ会員も増えてい

るというM氏の指摘は、観光としてのお遍路の可能性を考える上でたいへん参考になる。

　一方の極に仏道修行としてのお遍路があり、他方の極にスポーツとしてのお遍路がある。その間の広い範囲に「スピリチュアル・ツーリズム」とも呼ぶべきお遍路があるのではないだろうか。人格向上をめざしつつ、四季の風景や土地の料理なども楽しむ旅行である。

8. まとめ

　私は、お遍路になじみのない人にお遍路への道案内をしたいという動機で本稿を書き始めた。しかし必ずしもお遍路の概説を試みたわけではないので、それを期待された読者にはずいぶん偏った紹介という印象を与えたかもしれない。お遍路の研究というと、歴史学、民俗学、人類学、比較宗教学などのアプローチがとられる場合が多い。お遍路・巡礼とは何かを科学的に解明するために、そのような諸方法が取られるのは当然のことである。それらの諸研究の重要性はいうまでもない。そのような研究を知りたいという向きには、星野氏、真野氏の著作をお勧めしたい。[15] しかし、ここで筆者の関心は、お遍路経験とはどういうものかを紹介してみたいということであった。お遍路を通して、われわれはいかなる価値を得ることができるのかを考えてみたいということであった。

　お遍路というのは、時間とエネルギーを多く消費する活動である。それに見合う価値が得られないのであればしても意味がない。しかし、お遍路は現代人が必要とするものを豊かに提供しているのだということを上で説明してきたつもりである。そして、それらはわれわれの人間的成長に大いに役立つ。

　お遍路を通してわれわれが親しむ弘法大師空海の思想には、現代社会の難問を解決するヒントがある。お遍路を通して、現代人が失いかけている心身の健康を取り戻すことができる。自己実現の生き方ができる。

---

[15] 星野（2001）、真野（1996）参照。

森羅万象から学ぶ知恵を身につけることができる。現代社会の抱えている問題を知ることができる。現在求められている観光のあり方について考察を深めることができる。以上のようなメリットを紹介してきた。

　空海が十住心論で語っているように、所与の人間の心というものは、そのままでは動物と同じレベルでしかない。われわれは本能的欲求のまま行動するのではなく、道徳的になり、宗教的にならなくてはならない。そのように人間的に向上していくのが人間のあるべき姿であろう。学校で勉強するのもそのような人間的成長のためである。お遍路もまた、われわれにそのような人間的成長の機会を与えてくれる。だからこそ、今お遍路が注目されているのだと思う。お遍路自体は平安時代にまでさかのぼる歴史をもつ古いものであるが、古くて新しいのがお遍路といえよう。われわれがお遍路を通して学ぶことは実はたくさんあるのである。

（大賀睦夫）

第1部の引用文献

大賀睦夫「四国のスピリチュアル・ツーリズム」、香川大学経済学部ツーリズム研究会『新しい観光の可能性』（美巧社）、2008

岡本伸之『観光学入門　ポスト・マス・ツーリズムの観光学』（有斐閣アルマ）、2001

空海「声字実相義」、宮坂宥勝監修『空海コレクション2』（ちくま学芸文庫）、2004

空海、宮坂宥勝編著『秘密曼荼羅十住心論』（一）〜（五）、四季社、2003

黒崎政男『身体にきく哲学』（ＮＴＴ出版）、2005

斎藤孝『身体感覚を取り戻す　腰・ハラ文化の再生』（ＮＨＫブックス）、2000

真野俊和編、『講座・日本の巡礼』全三巻、雄山閣、1996

瀬戸賢一『メタファー思考　意味と認識のしくみ』（講談社現代新書）、1995

辰濃和男『四国遍路』（岩波新書）、2001

デュルケーム『自殺論』（中公文庫）、1985

星野英紀『四国遍路の宗教学的研究』（法蔵館）、2001

マスロー『人間性の最高価値』（誠信書房）、1973

松長有慶『密教』（岩波新書）、1991

宮坂宥勝『空海』（ちくま学芸文庫）、2003

村上保壽『現代社会を弘法大師の思想で読み解く』（セルバ出版）、2008

横山良一『山頭火と四国遍路』（平凡社）、2003

第2部：小豆島遍路体験記

1. 小豆島について

　はじめに小豆島の概要と主要な町の歴史的沿革について簡単に紹介する。

　小豆島は瀬戸内海の東側にある島で、面積は全国の島の中で2番目に大きい153.2km²である。海岸線の延長は125.7kmで、周囲140km、約35,000人の島民が暮らしている。

　小豆島には小豆島町と土庄町の2つの町がある。2005年の統計では小豆島町の人口は17,257人、土庄町の人口は16,411人であり、両町とも人口は減少傾向にある（図1参照）。また、人口に占める65歳以上の割合は小豆島町が33%、土庄町が31%である。香川県の人口に占める65歳以上の割合が23%であるので、小豆島町と土庄町の高齢者の人口は比較的多いと言える。

　小豆島の歴史は古く日本書紀に小豆島の記述がある。また古代から南北朝時代くらいまでは内海地区は草加部郷、福田地区は小海郷、池田地区は池田郷と称され、3世紀頃には応神天皇が小豆島を行幸したという伝説が残っている。平安初期から南北朝くらいまでは皇室の所有地とされ、江戸時代には内海地区は幕府の天領地、池田地区は津山藩の領地として統治されていた。明治時代に入ると愛媛県、名東県（現兵庫県の一部と徳島県）の所属となったが最終的に香川県の所属になった。明治23年町村制施行により、当時細分されていた村の分合を行い、いくつかの村ができた。その後、昭和26年4月1日には西村、草壁、安田、苗羽および坂手の5か町村が合併して内海町となり、昭和29年10月1日には池田、二生、三都の3か町村が合併して池田町となり、昭和30年4月1日に土庄、淵崎、大鐸、北浦、四海が合併し土庄町ができた。

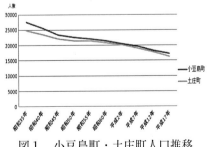

図1　小豆島町・土庄町人口推移

<参考HP>

「小豆島町」<http://www.town.shodoshima.lg.jp/index.html>
「土庄町ホームページ」<http://www.town.tonosho.kagawa.jp/index.htm>
「さぬき瀬戸しまネッ島」<http://www.pref.kagawa.jp/kanko/seto-island/index.htm>
「香川県」<http://www.pref.kagawa.jp/>

（西山優樹）

2. 小豆島の現状

　次に小豆島の産業と交通の現状について述べよう。

（1）小豆島の産業

　小豆島における産業は主に2種類あるといえる。

　1つ目は食品産業であり、主なものとして400年の伝統を持つ醤油や全国三大産地の1つにもなっている素麺が挙げられる。最近では、醤油に関しては現代の食生活に会わせた新しい調味料づくりに力を入れており、素麺では戦国時代から続く伝統的な製法を今でも守り続けている。また、瀬戸内海地方独特の温暖な気候が、オリーブやハーブといった地中海作物の栽培に適しており、これらを用いた食品や化粧品などの製造、販売を行っている。

　もう1つは観光産業である。小豆島には日本におけるオリーブ発祥の地としてオリーブ公園や、二十四の瞳の再映画化で使用されたセットを保存した二十四の瞳映画村がある。また、日本三大渓谷美に数えられる寒霞渓や、18世紀頃に始まり、現在でも伝承されている農村歌舞伎舞台が有名である。

（2）小豆島の交通

　小豆島には小豆島バス株式会社が運営する路線バス、定期観光バスがある。路線バスは「坂手線・南廻り福田線」、「北廻り福田線」、「四海線」、「西浦線」、「三都（みと）線」、「神懸（かんかけ）線」、「スカイラ

イン寒霞渓線」の８路線、定期観光バスには島めぐり観光コースとして「Aコース」と「Bコース」の２コースがあり、島の人たちや観光者の重要な交通手段となっている。

(3) 小豆島の今後の課題

　懸念される問題の１つは、小豆島バスが路線バスの撤退を昨年６月表明したことである。小豆島の路線バスはほとんどの路線で１時間に１本しか運行していない（図２参照）が、北部では路線数がさらに少なく、交通手段として機能していない地域も多い。そこに今回の話で、島から無くなるという危機に陥ったが、小豆島の住民と町が出資し、運営する小豆島オリーブバス会社が設立された。路線数や運賃、ダイヤ等は従来通りに運営を行う予定だが、今後同じようなサービスを維持し、さらにバスを必要とする地域に生かすことができるかが懸念される。また観光者の大半は自動車で観光するため、ますます路線バスの需要が減っているので、バスに付加価値をいかにつけるかも課題である。

草壁港		停留所通過予定時刻表	
坂手港発	映画村行	南廻り巡回行	紅雲亭行
6		48	
7　20		33	
8　03·48			
9　18		38	
10　00	42	58	※45
11　※15·38			
12	52	33	※55
13　28·※40			
14　08		52	※55
15　※25	12		※40
16　03·※10		28	
17　13		38	
18　10·43		58	
19　35			
20　28			
終			

映画村行きは映画村手前を経由します
福田行きは要整理券・要両親券です
※印は、3／20〜11／30の期間のみ運行します。
平成21年4月1日改正　　　　小豆島バス株式会社

図２　小豆島のバス停時刻表

＜参考HP＞

「四国新聞社」<http://news.shikoku-np.co.jp>
「小豆島町」<http://www.town.shodoshima.lg.jp/>

（北出聖治）

3. 小豆島の観光

　陽の光にきらめくオリーブの葉と広がる瀬戸の青い海、小豆島は観光地としての顔も持っており、かつては弘法大師が修行のために立ち寄ったと言い伝えられた小豆島八十八ヶ所の風習が残る非常に伝統ある島である。
　「二十四の瞳」で有名な岬の分教場は県内外から観光客が訪れている。

二十四の瞳映画村は1954年、1987年の２度にわたって映画化された壺井栄小説「二十四の瞳」をテーマとする映画と文学のテーマパークである。1987年に映画化されたときのロケで使用された「岬の分教場」と大正から昭和初期の民家、漁師の家、茶屋、土産物屋など14棟のオープンセットを公開している。

　また小豆島は独特な自然景観を有しており、トンボロ現象によって小豆島の前島から大余島へと続く約500mの細長い砂州の道が現れるエンジェルロードは「道の真ん中で手を繋いだカップルは結ばれる」と言われ、縁結びスポット、恋人の聖地とされている。棚田の広がる千枚田など数々の景観を目当てに観光客が訪れている。そして、群馬県妙義山・大分県耶馬渓とともに日本三大渓谷美と言われている寒霞渓は、小豆島だけでなく日本を代表する観光地の１つとして挙げられる。秋には岩の間をぬってカエデが真っ赤に色づき、切り立った岩壁の間をすり抜けるロープウェイからの眺めは圧巻で、人気を誇っている。

　その他にも小豆島では農村歌舞伎や日本一どでカボチャ大会、瀬戸内海タートルフルマラソン全国大会などのイベントが開催されたり、小豆島の特産品である醤油を扱ったマルキン醤油記念館や、オリーブを扱った施設、猿を見ることのできる銚子渓お猿の国など様々な観光施設がある。そして、瀬戸内国際芸術祭2010の会場の１つにもなっており、今後このイベントの観光客が小豆島に訪れることと予測される。

　しかし、図３の小豆島における推定入込観光者数及び宿泊者数の推移によると、平成10年地点で前者は約120万人であったが、平成20年には約107万人に落ち込んでいる点から減少傾向であることがわ

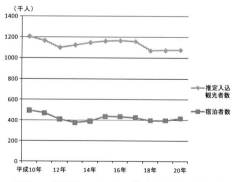

図３　小豆島における推定入込観光者数
　　　及び宿泊者数の推移
　　　小豆島観光協会統計資料を基に作成

かる。また、後者に関しても平成10年には約50万人あった宿泊客が、平成20年では約42万人と近年40万人前後を推移している。このように、小豆島の観光は観光客数や宿泊客数が比較的減少傾向であると言えよう。

　　　　　　　　　　　　　　　（武市佳久・徳島也・野口浩輝）

4. 小豆島八十八カ所霊場
(1) 小豆島八十八カ所霊場

　小豆島八十八箇所霊場とは小豆島を巡る霊場であり、別名、小豆島遍路（しょうどしまへんろ）や島四国（しましこく）とも呼ばれる。一般に、遍路は四国八十八箇所霊場（以下、四国遍路）とその巡礼者を指す場合が多いが、島四国の巡礼者も「お遍路さん」と呼ばれ親しまれている。

　旅程は四国遍路が総距離1,400kmにも及ぶのに対し、小豆島遍路は145km程度であるため、その手軽さから中高年による徒歩の巡礼者も多い。徒歩での所要日数は約1週間が目安であるが、山深い小豆島の地形を巡るルートは一部起伏に富んでおり、全旅程の高低差は570mにも及ぶ。一方で、近年では道路が整備され車での巡礼が容易となっただけでなく、昨今の健康ブームから、歩き遍路の一部をトレッキングコースとして小豆島旅行の中に組みこむケースも少なくない。

　ベストシーズンは桜が見ごろとなる3〜4月頃で、四国遍路に倣い1札所に1種類ずつ88種類の桜が植えられている。この時期の小豆島は「彼岸の島」とも呼ばれ、毎年参拝客が最も多くなる季節でもある。また、木々の紅葉する秋も人気が高い。

　モデルコースとしては、小豆島霊場総本院に近いお寺から時計回りに巡るコースが一般的である。四国遍路の約10分の1の距離とはいえ、靴の選択や宿の予約、1日のペース配分などは四国遍路と同様に綿密な準備が必要である。別途遍路に必要な巡礼用具（白衣、金剛杖など）はすべて島内の遍路宿などで揃える事が可能である。また、四国遍路で使用する巡礼道具を小豆島遍路でも併用できる。

（2）小豆島遍路の歴史

　小豆島遍路は弘法大師が生国の讃岐から京の都へ上京する行き帰り
に、親しく小豆島に立ち寄って各所で祈念したことが礎となっている。
しかし、それを裏付ける史料が残っていないため、今日では伝説として
位置づけられている。四国遍路も同様にその起源が定かではないが、両
者とも成立時期はほぼ同じとされている。

　江戸時代の小豆島遍路は、明治半ばに出された司書によると、貞享3
年（1686年）に僧侶と島内の民衆が力を合わせ、四国遍路になぞらえて
小豆島遍路を開いたとされている。当時、各寺院は寺檀制によって幕府
の管理下におかれ、地区の中心的な役割を担っていた点から、各寺の機
能は17世紀後半には固まっていたと考えられる。小豆島遍路は明治以降
に創設されたミニ八十八箇所と呼ばれる他の遍路と比べて、かなり早い
時期から、巡拝のシステムができあがったと言える。

　大政奉還によって武家社会が終焉を迎え、天皇を中心とした明治新政
府の時代になると、欧米社会の文化や生活習慣が一挙に流れ込み、文明
開化と呼ばれる変革の時期をもたらした。明治新政府は宗教政策において
既存の神仏習合を否定した神仏分離令を発し、江戸幕府の民衆統括組織
であった寺、ひいては仏教そのものの弱体化を図る廃仏毀釈を断行した。
小豆島遍路もその濁流に呑み込まれ、当時の巡拝者は著しく減少した。

　このような霊場の低迷期を過ごし、再び興隆を目指そうとする動きが
明治末期から起こってくる。明治43年（1910年）に、大阪朝日新聞、大
阪毎日新聞ら、六新聞記者が巡拝記事を掲載し、霊場の紹介を行ったこ
とを契機に復興の気運が高まった。その後、小豆島遍路の宣伝や団体巡
拝者の募集、巡拝者を優遇し霊場巡拝の意義を達成することを目標とし
た「小豆島霊場会」が設立された。この霊場会は全国で最も早く生まれ
た組織であり、昭和に入ると巡拝者の増加に対して先達制度を設け、巡
拝の模範者として認証した。

　現在でも多くの法要が行われているが、それだけでなく、先達教師の
講習会や弘法大師の教えを遍路に来たことのない人に広く布教する、大

師伝道スクールなども開催されている。小豆島遍路は時代を経るごとにますますかつての活気を取り戻していると言えよう。

(3) 小豆島遍路独特の特徴

　小豆島遍路独特の特徴として、以下の2点を挙げることができる。

　特徴の1つ目として札所の番号と配置が挙げられる。四国遍路では一般的に札所の順番通り（逆打ちの場合は逆順に）に巡行を行うが、小豆島遍路では概して札所の番号通りに巡礼する必要は無く、むしろ札番通りに巡ると不合理な道順となる箇所がいくつか存在する。時間に余裕があるならば番号を気にせずに自分でコースを決めて回ってもよいが、奥の院や山岳霊場などは開門時間が短い場合があるので注意が必要である。

　もう1つは納経所の共有である。納経所とは納経帳に御宝印を押してもらう札所内のコーナーのことで、四国遍路のように札所毎に設置されているのが一般的である。しかし、小豆島遍路では納経所が設けていない札所が多く存在し、1ヶ所の納経所で複数の納経を一度にしてもらうことになる。具体的には、30ヶ所の寺院にある納経所で94ヶ所分（88ヶ所＋番外、奥の院）の納経を管理している。

　四国遍路では、納経にかかる費用が1カ所につき300円程度必要なため、88カ所全てで納経すると26,400円かかることになる。遍路において納経代を値下げしたり、異議を唱えたりすることはタブーとされているが、実際のところ高いと感じる人が多いようである。

　一方で小豆島遍路は納経所が共有されていることもあり、場所によっては納経代300円で5つ以上の御宝印を押してもらえる札所もある。小豆島遍路は距離の身近さだけでなく納経の形態に関しても、四国遍路よりも手軽であると言える。

＜参考資料＞

月刊ぴ〜ぷる ＜小豆島霊場会特集号＞ 1995年11月号

（岡田佳奈・久保由希乃・浜西実咲・水野晃浩）

5. 小豆島遍路コース別紹介

　小豆島霊場会は、小豆島遍路の全行程を8つに分けている。各コースが一日で巡拝するのにちょうどよい距離となっている。われわれは、これまで全7回小豆島遍路を体験してきたが、ここではバス遍路1回を除く、歩き遍路で歩いた全6コース分をそれぞれ体験日程順に紹介していく。

　霊場会のコースは、小豆島霊場会が歴史や遍路行のし易さ、納経所との兼ね合いによって決定、構成したものであるため、札所の順番通りに巡ることを必ずしも要請されていない。なお、1コース及び2コースは巡っていないので今回の紹介では省略する。

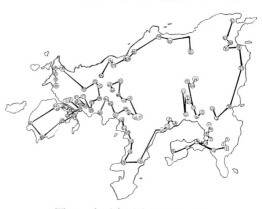

図4　小豆島遍路の8コース

（1）小豆島遍路第3コース（16.5km）

　5月10日（日）の小豆島遍路は「ふれあい徒歩大巡行」に参加し、小豆島の北部に位置する奥之院 三暁庵、番外霊場 藤原寺を含む全9か所を打つ小豆島遍路3コースを巡った。

　第80番 子安観音寺は、昭和28年の本堂客殿の再建を発願し、完成間近に焼失したことから不運を詫びて始めたという「うどんの接待」を受

	土庄港			↓	
	↓30分		5.	番外	藤原寺
1.	第75番	大聖寺		↓1時間	
	↓8分		6.	第78番	雲胡庵
2.	第76番	奥の院三暁庵		↓1時間	
	↓15分		7.	第79番	薬師庵
3.	第77番	歓喜寺		↓15分	
	↓15分		8.	第80番	観音寺
4.	第76番	金剛寺		↓1時間半　※休憩の20分は除く	
	↓10分		9.	第81番	恵門ノ滝

けることができる。この点から当寺「うどんの寺」とも呼ばれ、我々もうどんの接待をありがたく頂いた。また、「本堂は小豆島一」といわれるように、境内にある稚児大師像は寺の外から見ても確認できたほどの大師像であった。第81番 恵門ノ瀧への道のりは3コースの中で最も険しい道であり、約1.3kmもの山道が続く。ここでは、洞窟の中にあるお堂で護摩焚きを体験でき、非日常的な不思議な空間を肌で感じた。

（2）小豆島遍路第5コース（16.6km）

　5月17日（日）の小豆島遍路は天気の都合により当初予定していた5コースの一部しか巡ることができなかった。

　第9番 庚申堂の本堂は非常に古い建物であり、鎌倉時代に創建された寺であるという。第2番 碁石山への道のりは難所の1つに数えられており、急斜面の山道が続いていた。しかし、碁石山からの眺望は小豆島の街並みや瀬戸内海の美しい景色を堪能することができた。碁石山を出て、山沿いの道を10分ほど進むと第1番 洞雲山に着く。本堂は崖の洞窟の中に造られており、立派な観音菩薩が祀られていた。ここは昔、山岳崇拝の霊地であり修験山伏が修行した山であったということで、霊験あらたかな雰囲気を持っていた。

草壁港	↓
↓30分	4．第1番　洞雲山
1．第9　庚申堂	↓30分
↓5分	5．奥の院　隼山
2．第8番 常光寺・第7番 向庵	↓30分
↓40分	6．第3番　観音寺
3．第2番　碁石山	↓30分
↓10分	7．第4番　古江庵

（3）小豆島遍路第6コース（11.6km）

　6月7日（日）の小豆島遍路は寒霞渓から南側の6コース約8kmの道のりを巡った。

　第20番 佛ガ滝では洞窟のような所に御本尊の薬師如来が安置されていた。小豆島霊場で最高峰に位置する第14番 清滝山も佛ガ滝と同じよ

うに洞窟の中に本堂がある。本堂からさらにトンネルのような所を抜け、急な階段を登ると不動堂があり、その奥に不動明王が安置されている。寒霞渓の一隅に位置する第18番 石門洞のすぐ側には、その名前にもあるように自然にできた石の門があり、自然が織りなす造形美に圧倒された瞬間であった。

草壁港から猪谷までバスで15分	2．第14番　清滝山
猪谷	↓40分
↓10分	3．第18番　石門洞
1．第20番　佛ヶ滝	↓1時間
↓45分	4．第21番　清見寺

（4）小豆島遍路第4コース（14.5km）

　9月13日（日）は「ふれあい徒歩大巡行」に参加し、小豆島の東部に位置する4コースを巡った。

　第82番 吉田庵から第83番 福田庵までの道のりは海沿いの道路もあるが、今回は山道を歩いた。福田庵は民家のような建物で、近隣の老女が交代で堂番をしている。第1番 洞雲山から順打ちすれば結願となる第88番 楠霊庵は急な階段を登れば楠の大木で建立された堂庵がある。ここから第12番 岡ノ坊までの道のりはこの日2度目の山越えであった。小豆島遍路は起伏の激しさも特徴の1つに挙げられていることから、距離の短さ以上の疲労感を感じた。

土庄港	↓30分
↓30分	5．第87番　海庭庵
1．第82番　吉田庵	↓30分
↓1時間　※1回目の山越え	6．第88番　楠霊庵
2．第83番　福田庵	↓1時間　※2回目の山越え
↓5分	7．第12番　岡ノ坊
3．第84番　雲海寺・第85番 本地堂	↓5分
↓1時間	8．第13番　栄光寺
4．第86番　当浜庵	

（5）小豆島遍路第7コース（17.4km）

　10月25日（日）は草壁港から池田港までの小豆島の南部の7コースを巡った。

　第28番 薬師堂は「餅の庵」として知られ、遍路の頃は村の人たちが茶店で草餅を販売していた。また、薬師堂の近くには「長崎のしし垣」があり、ここからの景色も美しかった。第29番 風穴庵へ行く遍路道では手すりが設置されているが、急な上り坂が多く、非常に険しい道のりであった。しかし、遍路道にはいたるところに「同行二人」や「がんばって」などの文字が書かれた札が木の枝に吊るされており、お遍路への気遣いが伝わってくる。この日最後に訪れた第31番 誓願寺は国指定の天然記念物の大きな樹齢1千年以上ともいわれるとても印象的なソテツの木を見ることができる。

```
　　　草壁港　　　　　　　　　　↓
　　　↓5分　　　　　　　4．第28番　薬師堂
1．第24番　安養寺　　　　　↓30分
　　　↓30分　　　　　　　5．第29番　風穴庵
2．第25番　誓願寺庵　　　　↓1時間　※けもの道のような遍路道
　　　↓15分　　　　　　　6．第30番　正法寺
3．第27番 桜庵・第26番 阿弥陀庵　↓30分
　　　↓1時間　　　　　　7．第31番　誓願寺
```

（6）小豆島遍路第8コース（11.6km）

　11月29日（日）のゼミで最後の小豆島遍路は、池田港周辺から北側の8コースを歩いた。

　山岳霊場が多く、急な坂を30分以上かけて登るのがこのコースの特徴である。また、本堂が山の頂上にある所からは瀬戸内海を一望でき、紅葉に色づく小豆島の新しい一面を見ることもできた。このコースは小豆島の自然風景を満喫できるコースである。第44番 湯船山には日本名水百選に指定されている清水が湧き出ており、乾いた喉を潤してくれる。また、第47番 栂尾山は岩窟を穿った道場であり小豆島遍路の典型的な構えであった。

```
    池田港                          ↓50分
     ↓30分              6．第43番 浄土寺・第45番 地蔵寺堂
  1．第40番　保安寺           ↓25分　※棚田や紅葉が楽しめた
     ↓25分              7．第44番　湯船山
  2．第41番　佛谷山           ↓20分
     ↓1時間5分           8．第47番　栂尾山
  3．第42番　西の滝           ↓5分
     ↓45分              9．第48番　毘沙門堂
  4．第38番　光明寺           ↓10分
     ↓15分             10．第46番　多聞寺
  5．第37番　明王寺
```

参考文献

冨永航平『小豆島　遍路と旅』朱鷺書房、2003
平幡良雄『小豆島 遍路』満願寺教化部、1990

（野口浩輝）

6. 小豆島ふれあい徒歩大巡行

　先に述べた8つのコースは、「小豆島ふれあい徒歩大巡行」のためのコースなので、この「ふれあい徒歩大巡行」についても紹介しておきたい。

　「小豆島ふれあい徒歩大巡行」は小豆島霊場会が年に2回（5月と9月）企画している歩き遍路のイベントで、今まで25回開催されている。内容は、88ヶ所ある札所を距離や巡り易さを考慮して8つのコースに分け、参加者はその中から1コースを1日かけて歩く「1日遍路行」という形態をとっている。参加費は昼食のお弁当がついて2,000円で、コースごとに担当の先達さんが案内やガイドをしてくれる。

　各コースの詳細は図5に示した。

　ふれあい徒歩大巡行の参加者の多くは年配の方々であるが、時には両親や祖父母に連れられた子どもや、我々の様な学生も参加していた。こうして、ある程度まとまった人数が1つの集団として歩き遍路を行うため、人と人との交流は様々なものになる。

　初回の参加では小豆島遍路用の納経帳が配られる。納経所が設置して

ある札所に到着すると、先達さんが納経希望者の納経帳と御宝印代を集め、お勤めを終えると御宝印が押されて返される。我々と一緒に参加した人の中には、その回のコースで小豆島の札所を全て廻り終えた人もおり、他の参加者から大きな拍手を受けていた。

「小豆島ふれあい徒歩大巡行」において特徴的な点は、遍路が新しいコミュニケーションを創出する機会を与えることである。何度も参加している年配の方々にとっては、我々のような学生の存在は興味深いものであるだろうし、我々としても遍路を通して多くの人生の先輩と会話ができる絶好の機会である。初回こそ未知の経験による緊張でぎこちないものではあったが、9月に参加した2回目ともなると、我々も前回の参加者との再会の喜びを感じることができ、夏の間に行った遍路の話や世間話を人生の先輩方とやりとりすることもできた。さらに大勢で行うお勤めでは、集団の一体感をより一層感じることができ、和気藹々とした遍路道とはうってかわって、仏教の奥深さや厳かさを知ることになった。

歩き遍路は本来1人あるいは少人数で行われるものであり、此度のような大人数による巡行に対して違和感を覚える人もいるかもしれないが、1日という限られた時間の中を集団で巡行できるのは小豆島遍路が有する手軽さ由縁の魅力である。この大巡行が仏教的思想体験とコミュニケーションの創出の場を提供する点は、観光として成立させていく上で重要な要素となるのではないかと思う。

（津田裕太・宮内崇匡）

7. 小豆島お遍路体験記

お遍路体験記その1

「お遍路＝特定の仏教信者（弘法大師信者）が信仰心から行う宗教行為」である。これが実際に小豆島遍路体験をする前の私にとっての、お遍路に対する正直な認識であった。しかし、この認識は間違っており、特に近年の一般のお遍路さんたちの参加理由は、大賀先生の研究結果で明らかになっているように、信仰心からだけではなく、願いを成就させ

る為であったり、自分磨きの為であったり、心を癒すためであったりと様々なものになっている。そして、一度小豆島遍路に参加した人は何度も繰り返し参加しているという事実を知り、驚いた。今回の小豆島遍路へ参加するにあたって、私自身の場合はまだあまり弘法大師に関する知識も無かったため、信仰心による参加というものではなかった。また、自分磨きのためという思いも多少はあったが、それよりも、「何度も戻ってきたくなってしまうお遍路の魅力とは何か」という漠然とした疑問を抱き、それを解決することを参加目的にすることとした。そのため、今回の大賀ゼミで行われた小豆島遍路では、単純に小さな驚きや発見をもとに小豆島遍路の魅力を探しながらの巡行となった。

　まず一つ目の魅力は、山道を歩き自然に触れることによって、あらためて自然の恩恵やその脅威を感じることが出来るというものである。その具体例として、第81番恵門ノ滝へと続く細い山道での体験を紹介したい。この山道は急勾配な上に足場も歩きにくく、常にバランスをとりながら進んでいかなければならなかった。そのため非常に大変な道のりであった。しかし、この大変な山道の中でも自然の恩恵を感じることができた。まず最もありがたく感じられたのは土の柔らかさである。この土の柔らかさは、足にあまり衝撃を与えず、疲れた足でも歩き易いようになっていた。また、木が生い茂っているところでは葉っぱが日光を遮ってくれており、日に焼けて疲れることなく進むことが出来た。そのう

日 程	行　程	霊場数	距　離
1日目	58西光寺　→58奥　→59　→60　→61　→62　→63　→総本院　→64　→57　→65　→53本覚寺	12ヶ所	16.7km
2日目	66等空庵　→68　→67　→69　→70　→71　→72奥　→72　→73　→74　→49　→50　→52　→51　→54　→55　→56	17ヶ所	13.3km
3日目	75大聖寺　→76奥　→77　→76　→藤原寺　→78　→79　→80　→81恵門ノ瀧	9ヶ所	16.5km
4日目	82吉田庵　→83　→84　→85　→86　→87　→88　→12　→13栄光寺	9ヶ所	14.5km
5日目	2碁石山　→1　→3奥　→3　→4　→5　→6　→10　→7　→8　→9　→11観音堂	12ヶ所	16.6km
6日目	14清滝山　→20　→18　→17　→16　→15　→21　→19　→22　→23本堂	10ヶ所	11.6km
7日目	24安養寺　→25　→27　→26　→28　→29　→30　→31　→34　→32　→33長勝寺	11ヶ所	17.4km
8日目	40保安寺　→41　→42　→35　→39　→36　→37　→45　→43　→44　→47　→48　→46多聞寺	14ヶ所	11.6km

図5　「小豆島ふれあい徒歩大巡行」の各コース

出典「愛媛県生涯学習センター　生涯学習情報提供システム」
<http://ilove.manabi-ehime.jp/system/regional/index.asp?P_MOD=2&P_SNO=12&P_FLG1=3&P_FLG2=2&P_FLG3=3&P_FLG4=2>

え、こうした場所では空気がひんやりとしているため、本来の気温が高くてもだいぶ気持ちよく登ることができた。このように、普段は知識として知っていた自然の恩恵を、お遍路を通して実際に体験することによって本当に実感することが出来るのも、お遍路の魅力の一つであるように感じられた。また、小豆島遍路では身近にある自然の存在を感じることも出来るのである。巡礼の道のりの途中ではテントウムシや木から落ちたどんぐり、タンポポの綿毛などを見つけることができた。これらのものは、小学生の頃などには毎年と言って良い程よく見つけて遊んでいたものである。しかし、最近はあまり見ることの無いものである。もしくは、実際視界に入っていたとしても気に留めることもなく、きちんと記憶に残ることはないのである。しかし、お遍路の場合は徒歩で比較的ゆっくりと進んでいるため、こうした身の回りにある自然にも気付きやすいのである。このように、普段とは違った感覚を養ったり、些細な発見から季節感を感じたり出来る点がお遍路の魅力であるように感じられた。そのうえ、今回の小豆島遍路では、野生の猿の群れに遭遇することもできた。そして、こうした野生の猿との遭遇によって、改めて自然の大切さを感じることができた。動物園の中で飼われている猿や、テレビの中の映像として見る猿の姿とは比較にならないほど、自然の中で生きる本物の野生の猿の姿は常に懸命に生きている命の大切さを物語っているように感じられた。それと同時に、もし猿に襲われたときのことを考えるとその対処法がわからず怖くなってしまった。そして、自分の自然に対する知識の無さとその自然からの脅威に対する人の弱さや対処の仕方の無さに改めて気付かされた。このように、小豆島遍路とは様々な驚きや発見との遭遇があることから、楽しみを巡る旅という側面も持っていると考えられる。

　また、人々の気遣いや優しさに触れられるという点も小豆島遍路の魅力の一つである。体力的に歩き続けることが厳しくなる山道でも、ほとんどの場所には手すりが設置されていたためとても歩きやすくなっていた。こうした手すりはお遍路さんのために設置されたものであり、そう

した人々の心遣いには感謝せずにはいられなかった。また、札所の付近には無人のみかん販売所がいくつか設けられていた。無人のため閉店や休業がなくいつでも購入することが出来るので、お遍路さんにとっては非常にありがたい存在であるように感じられた。しかし、この仕組みだと料金の支払いも個人の自由となってしまう。そのため、無人販売所という仕組みは、販売者と購入者の両者が人を信頼し思い遣る気持ちがあって成立するものである。また、人への思い遣りの気持ちは、出会った人々のお接待にも表れていた。実際に、金剛寺や観音寺など多数の札所でお茶やうどんなど出していただいたのだが、それらを頂けるのと同時にお接待をして下さる人々の心遣いがとてもありがたく感じられた。こうした、人を信じ思い遣る気持ちをふとした瞬間に感じられるといった点もお遍路を続けていく上で重要なものになっているように思われる。このように、何度も人々の思い遣りの心に触れ、それに対し感謝することの大切さを感じることができた。

　また、現在のお遍路さんは必ずしも一人で行うというものではなく、子どもや身近な人とも一緒に参加し、楽しめるという点も近年の小豆島遍路の魅力のひとつとなってきていると考えられる。今回私たちが参加した「ふれあい大巡行」のお遍路では小学生くらいの小さな子どもも参加していた。彼らは祖父母と一緒に巡行に参加しているようであった。

歩き遍路では、山道での植物や生き物との出会いはもちろんのこと、普段は車であっさりと通り過ぎてしまうような道端に咲く草花の自然とも子ども達は十分にふれあうことができる。そのうえ、札所にたどり着くためには足場の悪い道も歩かなければならない。しか

図6　第2回 小豆島ふれあい徒歩大巡行4コースにて

し、お遍路は自分のペースで歩くことができる。そのため、子供たちも
お遍路体験を通して無理なく体力やバランス力を向上させ、目的を達成
させるために必要な忍耐力も養うことができるのである。さらに、歩き
遍路は長距離をゆっくりと時間をかけて進んでいくものである。そのた
め、子ども達は同行者である祖父母や他の参加者とも十分に会話を楽し
むことができる。このように、ほんの少し日常から離れるだけで、様々
な自然に触れ、自身の体力や内面を向上させ、周囲の人とゆっくり交流
することができる歩き遍路は、子ども達にとっても有益なものであるよ
うに感じられた。また、グループで参加した場合も長時間会話をし、互
いに協力して進んで行くことによって、グループ内でのコミュニケー
ション力やチームワークを高められるという効果も期待できる。こうし
た観点から考えてみると、身近な人と一緒に参加するお遍路とは、目的
地が札所というだけの少し変わったハイキングやウォークラリーの一種
として扱うことができるように思われる。

　このように、今回の数回のお遍路体験を通じて、こうしたいくつかの
小豆島遍路の魅力を発見することができた。そして、これらの様々な魅
力や効果が存在していることにより、お遍路さんの参加目的が多様化し
てきたのだと考えられる。このように、各お遍路さんがそれぞれ自分な
りの楽しみ方を見つけて、こだわりを持った巡行が行えるようになった
という点が現在の小豆島遍路の特徴であり、人々が何度も繰り返しお遍
路に参加したくなる要因であると思われる。

（岡田佳奈）

小豆島お遍路体験記その2

　ゼミに入るまで小豆島で遍路できることすら知りませんでした。実際
に体験してみると、小豆島の険しい山々の頂上付近や崖の近くに札所が
多くあるため、山道や急な坂道を歩くのがほとんどでした。体力には自
信があったのですが、一日かけ20km歩くことは予想以上に大変で、次
の日は筋肉痛で思うように動けませんでした。たしかに小豆島のお遍路

はかなり厳しい道のりを歩くので大変でしたが、お遍路をしないと体験できないこともありました。

　まずそれは、小豆島の自然風景を満喫できたことです。小豆島にパワースポットとも言える場所がお遍路の途中で見られました。特に印象に残ったのは、美しい瀬戸内海の景色です。各コースの札所や遍路道から見る瀬戸内海は夕暮れ時が特に神秘的に見えます。また、山岳霊場の札所と遍路道は自然を直に感じることができ、特に神秘的でした。このように隠れた小豆島の魅力は実際にお遍路をして初めて知ることができました。

以下は今までお遍路をしてきた6コースの紹介です。
○　小豆島お遍路第1回　3コース（第1回ふれあい大巡業）
　　　土庄港　　　　　　　　　　　　↓30分
①　第75番　大聖寺　　　　　　　　　↓8分
②　第76番　奥の院　三暁庵　　　　　↓15分
③　第77番　歓喜寺　　　　　　　　　↓15分
④　第76番　金剛寺　　　　　　　　　↓10分
⑤　番外　藤原寺　　　　　　　　　　↓1時間
⑥　第78番　雲胡庵　　　　　　　　　↓1時間
⑦　第79番　薬師庵　　　　　　　　　↓15分
⑧　第80番　観音寺（ふれあい大巡業ではうどんの接待があった。）
　↓1時間半：（途中休憩の20分はのぞく、小豆島遍路最大の難所。全長1.3kmの山道をひたすら登る。途中石の階段から足場の悪い山道がある。）
⑨　第81番　恵門ノ滝

○　小豆島お遍路第2回　5コース
　　　草壁港　　　　　　　　　　　　↓30分
①　第9番　庚申堂　　　　　　　　　↓5分
②　第8番　常光寺・第7番　向庵　　↓40分

③　第２番　碁石山　　　　　　　　　↓10分

④　第１番　洞雲山　　　　　　　　　↓30分

⑤　隼山　：（瀬戸内海を一望できる展望台がある。）

　　　　　　　　　　　　　　　　　　↓30分

⑥　第３番　観音寺　　　　　　　　　↓30分

⑦　古江庵

○　小豆島お遍路第３回　６コース（主に山岳霊場）

　　草壁港から猪谷までバスで15分

　　猪谷　　　　　　　　　　　　　　↓10分

①　第20番　佛ガ滝　　　　　　　　　↓45分

②　第14番　清滝山　：（小豆島で一番高い場所。）

　　　　　　　　　　　　　　　　　　↓40分

③　第18番　石門洞　：（本堂は崖に作られている。）

　　　　　　　　　　　　　　　　　　↓１時間

④　第21番　清見寺

○　小豆島お遍路第５回　４コース（第２回ふれあい大巡業）

　　土庄港　　　　　　　　　　　　　↓30分

①　第82番　吉田庵　　　　　↓１時間：（山の中の遍路道を登る。）

②　第83番　福田庵　　　　　　　　　↓５分

③　第84番　雲海寺・第85番　本地堂　↓１時間

④　第86番　当浜庵　　　　　　　　　↓30分

⑤　第87番　海庭庵　　　　　　　　　↓30分

⑥　第88番　楠霊庵　：（本堂までの階段が急。）

　　　　　　　　　↓１時間　：（２回目の山越え、ただし一般道。）

⑦　第12番　岡ノ坊　　　　　　　　　↓５分

⑧　第13番　栄光寺

○　小豆島お遍路6回目　7コース

　　　草壁港　　　　　　　　　　　　　　↓5分

①　第24番　安養寺　　　　　　　　　　↓30分

②　第25番　誓願寺庵　　　　　　　　　↓15分

③　第27番　桜庵・第26番　阿弥陀庵　　↓1時間

④　第28番　薬師堂　　　　　　　　　　↓30分

⑤　第29番　風穴庵　　　　　　　　　　↓1時間

（途中、一般道と遍路道に分かれていて、今回は遍路道を通った。薄暗く、足場が整備されていないケモノ道のような、急な登り道。）

⑥　第30番　正法寺　　　　　　　　　　↓30分

⑦　第31番　誓願寺

○　小豆島お遍路第7回　8コース（自然を満喫しながら遍路ができる。）

　　　池田港　　　　　　　　　　　　　　↓30分

①　第40番　保安寺　　　　　　　　　　↓25分

②　第41番　佛谷山　　　　　　　　　　↓1時間5分

（山の中の遍路道を15分登ると、瀬戸内海を見渡せる展望台がある。）

③　第42番　西の滝　：（入口には紅葉の木があり、11月下旬は赤く染まる。）　　　　　　　　　　　↓45分

④　第38番　光明寺　　　　　　　　　　↓15分

（次の札所の看板はあるが、わかりづらい。）

⑤　第37番　明王寺　　　　　　　　　　↓50分

⑥　第43、45番　浄土寺　　　　　　　　↓25分

（前に棚田が広がり、山の紅葉も楽しめる。）

⑦　第44番　湯船山　　　　　　　　　　↓20分

⑧　第47番　栂尾山　　　　　　　　　　↓5分

⑨　第48番　毘沙門堂　　　　　　　　　↓10分

⑩　第46番　多聞寺

今後の課題

　小豆島遍路の魅力を多くの人に知ってもらうことが一番の課題です。四国遍路はよくメディアで取り上げられていますが、小豆島遍路の知名度はそれ程高くありません。そのためには小豆島遍路だけの魅力を伝える必要があります。小豆島遍路をすることで心身ともに鍛えることができるのは事実です。しかし、小豆島遍路は大変だという印象だけ持たれると実際に来る人の数は増加しないと思います。そこで「パワースポット」の存在を前面にＰＲし、魅力を伝えることができればお遍路への抵抗を和らげることができると思います。さらに険しい遍路道を歩きぬくことで達成感を味わえ、また自信がつく絶好の機会だと同時にＰＲする必要もあります。そのためにも、今後は小豆島の遍路についての現地調査や霊場会の方々ともコミュニケーションをとる必要があります。

（北出聖治）

小豆島お遍路体験記その3

　私は、ゼミの選択をするときに丁度須藤元気さんの本にはまっていた。須藤元気さんは、元・格闘家でありスピリチュアルの世界に詳しい人物である。このゼミの研究テーマは「スピリチュアルツーリズムについて考える」ということで、何か惹きつけられるものを感じた。実際に小豆島へ行き自分たちでお遍路の体験もするということだった。お遍路に少し興味がありつつも一人ではなかなかする機会がなかったため、お遍路を体験できるよい機会だと思ってこのゼミを選択した。大学生になって生活のリズムが崩れてしまい、自分にとても甘くなっていたので、お遍路の道のりを歩き切ることで自分の気持ちを鍛え直そうという目的もあった。四国八十八ヶ所に比べて行程が短く、更に何回かに分けて巡るということだったのでお遍路に行く前はそんなにきついというイメージは持っていなかった。

　小豆島遍路は５月10日、５月17日、６月７日、６月21日、９月13日、10月25日、11月29日の７回行い、そのうち初めの５月10日と９月13日は

「小豆島ふれあい徒歩大巡行」であり、6月21日はガイドさんがついて
くれて、小豆島の観光地を回りながら行うバス遍路であった。私は、用
事のため9月13日と11月29日は参加できなかったので、今までに5回参
加したことになる。

◆5月10日

　この日は私にとって初めてのお遍路体験の日であった。高松港を7時
40分発のフェリーに乗るということで、やる気よりも眠さが勝ってい
た。こんなに早起きするのは久しぶりだなあと思いながら、高松港まで
自転車をこいだ。この日は「小豆島ふれあい大巡行」というイベントの
日だったので、高松港の待合室にはお遍路さんの格好を身にまとった
人々が大勢いた。

　この日は第75番札所の「大聖寺」から始まり、「三暁庵」、「歓喜寺」、
「金剛寺」、「藤原寺」、「雲胡庵」、「薬師庵」、「観音寺」、第81番札所の
「恵門ノ滝」まで9ヶ所を回った。この日はほとんどのことが初めての
経験で戸惑うことが多かった。大賀先生が事情によりフェリー乗り場に
残ってくださったので、初めの方は私たち生徒だけで行うお遍路だっ
た。本当はみんなで一緒に出発しなければいけなかったのだが、そのよ
うなことを知らなかった私たちは勝手に出発してしまい、おまけに道を
間違えていたため大聖寺まで来た道を戻ることになってしまった。そこ
からまた再出発し、16.5kmの道のりを歩いた。思っていたよりも、ひ
たすら歩き続けるのはつらかったが友達と話したり、励ましあったりし
ながら歩き切った。お遍路には、お寺の人が飲み物や食べ物をお遍路さ
んに接待する「お接待」というありがたい習慣がある。これは、お寺の
方のあたたかい心づかいであり、飲み物や果物を口にするとつかれた体
が癒された。普段の生活ならば何も考えずにのどが渇いたら飲み物を口
にするし、おなかがすいたら食べ物をたべるが、お接待でいただいた食
べ物を口にするときは、感謝の気持ちが湧いてきてありがたみを感じ
た。また、今回の大巡行には82歳のおばあちゃんが参加されていた。そ

のおばあちゃんはなるべく車を使わずに、自分の足で歩こうと頑張っておられた。おばあちゃんの一歩はとても小さくゆっくりとした足取りだったが確実に前に進んでおり、自然と応援したい気持ちになり、わたしも頑張ろうと思えた。おばあちゃんだけでなく、他の参加者の方々やゼミの仲間があきらめずに歩く姿を見て、気持ちが引き締まった。人の頑張る姿にやる気をもらえた一日だった。

◆6月21日

　この日はいつもとは違うバス遍路であり、４年生の先輩方と一緒に参加した。今回は、お遍路ガイドの方が一緒に同行してくださり、小豆島やお遍路についていろいろなことをお話ししてくださった。バス遍路の行程は、「山の観音」、「観音寺」、「寒霞渓」、「田ノ浦庵」、「岬の分教場・二十四の瞳映画村」、「釈迦堂」、「明王寺」、「エンジェルロード」といったものであった。やはり歩きと違ってバスで回ると短時間で多くの場所を回ることができたし、体が楽だったが達成感はあまり感じられず、お遍路というよりは観光という感じだった。

　「山の観音」には、本堂へ行くまでに真っ暗な通路を通らなければならなかった。暗いからと言われてはいたが、本当に真っ暗で何も見えず、進む方向さえわからずこわかった。迷いそうな気持ちになったので、勝手に前を歩く人の服の裾を軽くつかんで進んだ。本堂ではおつとめをし、住職さんにお話を聞き、生姜湯をいただいた。「観音寺」は、初めてのお遍路で訪れたお寺なので２回目だった。このお寺ではお接待としてうどんをいただいた。お昼前でおなかが減っていたこともあり、おいしくいただいた。次に訪れたのは紅葉で有名な「寒霞渓」である。しかし、天気が悪かったためバスを降りたら一面が霧で覆われていた。せっかく寒霞渓で昼食の時間を取ったのに景色を見ることができず、とても残念だったが、休憩の時間が長かったのでお土産売り場を見たり、オリーブソフトを食べたりできた。オリーブソフトはさっぱりしていておいしかった。以前のお遍路のとき、大賀先生につくだにソフトク

リームを買っていただいたが、このような小豆島の特産物を生かした珍しいソフトクリームを食べるのもお遍路をするときの楽しみであった。また、1億円の費用がかかったという公衆トイレも実際に使ってみた。確かに広くてきれいだったが、「1億円かあ、、、」といった感じだった。「田ノ浦庵」でおつとめをし、「岬の分教場・二十四の瞳映画村」を訪れた。ここは、小さいときに一度訪れたことがあったが、記憶がほとんどなかったので、はじめて行くも同然だった。再現された教室を見たり、お団子を食べながらゆっくりしたり、竹馬に挑戦したりとしっかり観光を楽しんだ。観光で訪れていた年配の方々は教室の様子を懐かしがっていたので、忠実に再現されているのだと感じた。その後、隣同士にあった「釈迦堂」、「明王寺」でおつとめをし、釈迦堂では住職さんにいろいろな話をしていただいた。住職さんの学生時代の話もあり、自分の学生生活と比べて反省した。最後に、「エンジェルロード」を訪れた。エンジェルロードは、弁天島、中余島、小余島、大余島の4つの島々をつなぐように、干潮時に現れる砂の道である。丁度、干潮の時間帯だったので、道をわたることができた。道をわたったところにある小島には、願いを書いた多くの絵馬がかけられており、カップルにはぴったりの場所だと思った。ただ、私たちはカップルではないので魚をとったりして遊んだ。あの絵馬は増えすぎたらどうなるのだろうか。ひもが弱くなって、海に流れたりしないか少し心配だった。

　特に印象深かった2日間について詳しく書いたが、どの回のお遍路も毎回違った発見ができた。最近は若者のお遍路さんが増えているが、それでも私たちのような若い人がお遍路をするのは珍しいことだと思う。私もこのゼミに入っていなかったらお遍路をすることはなかっただろう。興味はあったが、やっぱりひとりで歩いて、般若心経を唱えるのには抵抗がある。しかし、今回ゼミで何回かお遍路を行いもっともっと若い人々に興味をもってもらいたいと思った。小豆島遍路では、普段の生活で当たり前のことが当たり前ではなく、いろいろなものに感謝したり、人のあたたかさや大切さに気づいたりすることができる。友達と励

まし合わなかったらくじけていたかもしれない。自分の足で歩いて、苦しい思いをした後の達成感をたくさんの人に味わってみてもらいたい。そして、また観光のときとは違ったすがすがしい気持ちで小豆島のすばらしい景色をみてもらいたいと思った。

（久保由希乃）

お遍路体験記その4

　遍路に対するイメージは人それぞれ異なるであろう。私はこの小豆島遍路を体験するまで遍路を全くと言っていいほど理解していなかった。遍路が観光の一種になり得ることはもちろんのこと、遍路に挑戦する人の気持ちさえもそうである。特に私たち学生をはじめ、若者世代には完全に無縁のもので、年配の人たちが行うという先入観しか持っていなかった。しかし、この1年間、小豆島遍路を体験したことで今までにはなかった遍路の価値や素晴らしさを味わうことができた。楽しいことも多々経験したが、やはり苦労や困難の数は楽しさの何倍かわからないほどであった。人間は苦労を経験しなければ心を開くことができないということも存分に学ぶことができた。遍路に挑戦することで私生活の意識改革にも発展し、私自身にとってマイナス面は全く存在せず、何もかもがプラスに働いたと言える遍路であった。

　私たちは1度だけバスでの遍路を経験したが、残りは全て歩いて巡礼した。遍路において「歩く」という動作は非常に重要かつ大変であった。この小豆島遍路のコースはアスファルトの道程も当然存在するが、それ以上に道の険しい山中や坂道という印象を持っている。それは私自身が苦労したことで、この苦労を真っ先に思い浮かべるからなのかもしれない。実際、小豆島遍路でのいちばんの印象は、「山道」といった子ども染みた答えも候補に挙げることができる。大学生の私たちの視点からすれば、大学に通う交通手段として徒歩の人は少ないであろうし、年齢を重ねることで歩く機会も減少しているはずである。さらに山道とくればなおさらである。この山道で特に苦労したのが、5月10日に参加し

た「ふれあい徒歩大巡行」における第81番札所「恵門の滝」を目指す最中である。奇しくもこの遍路が私たちの初めての遍路であり、最初にして最大の試練を迎えたと言える出来事であった。

　この日は5月で、気候も遍路に挑戦するのに適していて、まさに五月晴れと呼ぶに相応しい天候であったが本当に大変であった。山頂まで約1,300mの山道で、そして途中からは足場が安定せず、果たして「道」と呼ぶことができるかどうかわからないようなコースに1時間近く懸命に歩き続けた。足が引きちぎれそうになり、呼吸が乱れる。それでも頂上を目指したいがために、持っている力を全て使い切った。そして頂上に着いたのだが、やはりこのときの達成感は今でも忘れることはできない。また、それと同時に遍路の大変さを実感することが出来た。上記で紹介したように、この遍路は「ふれあい徒歩大巡行」ということで、私たちゼミ生以外にも一般の人たちも参加していた。その中には私よりもはるかに年配の人たちがこの試練に果敢に挑んでいたのだが、無事に全員到着することができた。私よりも断然負荷もかかるであろうし、厳しい条件にも関わらず懸命に歩いている姿には感動し、最後にはお互い声をかけあって賞賛した。このように、応援や到着時のふれあいは遍路において大切で、非常に清々しい気持ちになる。今思い返せば懐かしい思い出である。

　苦しい思い出を紹介したが、遍路ならではの心温まる出来事もあり、それは遍路ならではと言える接待という文化であった。すべての札所で接待を体験したわけではないが、接待のありがたさを大いに実感した。遍路を始めた当初は、接待に対して遠慮がちであったが、この接待が遍路に挑戦している人に対するおもてなしということも学んだ。特に疲れきった私たちに飲み物等を提供してくれることで、元気を提供してもらい、体のみならず心も回復させてもらった。遍路は1人で寡黙に歩く修行だと感じていたが、1人では絶対に無理である。こういった接待があるからこそ、挑戦者たちは次の目的地へと向かうことができるのであって、人との出会いの重要性を再認識するきっかけとなった。巡礼中に出

会った人たちは誰もが親切に接してくれ、遍路を支えてくれる必要不可欠な存在と言える。こうして私たちが小豆島遍路を実行できたのも、島の人たちが支えてくれたおかげなので、本当に感謝している。

　思い返せば本当に数え切れないほどの思い出がよみがえってくるが、この思い出は友人と遊んだ思い出とは一味も二味も異なる。このゼミに入ることがなければ正直、小豆島遍路を体験してはいなかったかもしれないし、小豆島遍路の存在すら知らなかったかもしれない。遍路と言えば、徳島・愛媛・高知・香川の4県を含む四国八十八ヶ所巡礼が有名で、小豆島に八十八ヶ所の札所があることに驚きであった。しかし、小豆島遍路の自然の雄大さは十分に観光地として、その役割を果たしていると言える。頂上に到達したときに見渡せる瀬戸内海は美しく、何度も心を奪われた。また、農村地帯は緑が輝き、最高のグリーンツーリズムとして魅力的であった。そして、海のブルーと山のグリーンという両者のコントラストも巡礼中で疲れきった体を癒してくれた。自然の美しさは私たちに語りかけるかのように際立ち、遍路における自然の役割を感じ取ることもできた。これはバス遍路よりも歩き遍路で最大限に効果を発揮し、感慨深いものとなった。

　1度だけバス遍路を行ったが、正直に言うと自然に関してはあまり味わうことはできなかった。確かにバスや自家用車等を利用した遍路は時間短縮に繋がり、さらには体に不自由がある人にとっては効果的な手段と言えるであろう。私自身、批判をするつもりは全くない。むしろ遍路は挑戦することに意味がある。ただ、健康状態に問題のない人たちには歩いて、実際に多くのものを見て感じ取って欲しいと感じた。時間にも余裕があるなら、自分自身を見つめ直すきっかけとなる。最近の若者が遍路に挑戦するきっかけとして、自分探しの旅といったテーマが理由として見受けられる。実際に体験したことで私自身、始める前とは考え方をはじめ、多くのことを学ぶことができた。これは挑戦した人の全員と言っても過言ではないであろう。

　私は、歩いたことで足腰の強化や健康の増進にも繋がった。しかし、

それ以上にやはり精神面の強化やチームワーク、向上心の上昇等、これからの進路にも活かすことのできる要素を得たが、正直、このような要素の発達に繋がるとは当初考えていなかった。ゼミで行うという「方針」に沿って参加していただけで、初回の遍路の時も、みんなで楽しく歩きたいという願望であふれていた。人間の本望として、楽をしたいという考え方が明確であった。こういった考え方が、恵門の滝で私自身の精神面の弱さを分からせてくれた。遍路は楽なものではなく、武者修行なので甘い考えでは通用しない。挑戦するからには高い志も持って挑まなければならない。これは遍路のみならず、私生活における何事にも当てはまるであろう。回数を重ねるごとに遍路に対する楽しみや達成感を味わいたいという感情が芽生え、積極的に歩くように心がけた。また、ゼミ生で歩いたことにより協調性や友情も芽生え、助け合いのもと1つのグループとして成立した。全員が真剣に遍路に取り組み、歩いている姿は私自身も含め、それぞれが人として成長させてくれたはずである。

　この1年間で小豆島には大変お世話になった。遍路道は整備が進んでいるとは言いがたいが、それもまた小豆島遍路の魅力と言える。今まで全くと言っていいほど縁のなかった小豆島を歩き、考えたことで小豆島の存在を理解できたような気もする。この思い出は一生忘れることはないし、一生の思い出である。何年後かに、ゼミ生で集まったときにはこの話題で必ずふれあうことになるであろう。私自身、非常に充実した遍路であり、これから社会人へとステップアップするにあたって貴重な体験ができた。この体験を絶対に無駄にはしたくないという強い志も抱いている。こういった機会を設けてくれた先生には本当に感謝しているし、小豆島が私を鍛えてくれたことにも感謝している。多くの困難、そして困難の中にも存在する楽しみや感謝、美しさといった、全てが入り混じった有意義な時間であった。

（武市佳久）

お遍路体験記その5

はじめに

　課題は今までに体験した小豆島お遍路についての感想を書く、というものであったが僕は交通事故に遭い、合計3回しか小豆島に訪れることができなかった。参加できなかったことが残念であるのと同時に先生またゼミ生のみんなには申し訳なく感じている。小豆島遍路は3回しか訪れていなく、また大分前になるので覚えている範囲で書きたいと思う。

一回目

　初回の小豆島は「お遍路大巡行」という小豆島遍路のイベントとして行われていたものに参加した。このときは小豆島のイベントともあってか、行くときのフェリーにはお遍路に参加する人たちが多くいたのが印象的であった。またゼミ生のみんなも初参加ということで緊張と同時に不安が入り混じっているような雰囲気が少し感じられた。いざお遍路が始まるときには道を間違えるということがあり、お遍路をするにあたって慣れていないのが一般の人から見てまるわかりである感じだった。今回のコースは第75番から第81番であり約16kmという道のりであり相当長い距離であった。初めのほうは僕たちも余裕な感じでスイスイと歩いていたが、次第に足取りが重くなっていくのが感じられた。しかしながら一般に参加している人たちは汗はかいているが、どこかすがすがしい感じだったのが印象であった。また歩いている途中ではなぜかタヌキに遭遇した。普段ではめったにみないので僕の中ではとても印象に残っており、このとき初めてお遍路は実際に歩くことで色々なものが見れたり、感じれたりするものだと思った。

　またこのお遍路でもうひとつ印象的であったのは「お接待」であった。今回はイベントもあってというのはあると思うがお寺で受けるお接待はすごくよかった。ただ単に食べ物や飲み物をもらうというのが印象的であったのではなくて、そのお寺ごとにいる人たちの対応がすごく温かみのあるものであったからである。疲れている時こそこういったお接待を受ける

のは非常にありがたみのあるものであり、感銘を受けることができた。

　このお遍路は初めてだったので、初めは正直嫌な気持ちがあったが、実際に体験すると意外に悪いものではないなと感じた。普段は体験できないことなので、非常に刺激のあるものだと思った。

二回目

　二回目の小豆島お遍路はイベントではないので、前回みたいにガイドさんや一般の人はいないので本当のお遍路というので初めてであった。この日の天気は雨のちくもりというのもあって、非常に不安な要素もあったがしだいに雨もあがり、歩きやすい環境であった。しかし行きの船は海が荒れていて、グラングランと揺れていたのは今でも印象的である。今回のコースは第1番から第9番のお寺を巡るものであった。

　距離的にも前回と同様くらいのもので長距離であった。今回で印象的であったのは僕たちが読むお経にすこしずつ慣れてきたのと、天候の問題であった。お経はお寺ごとに読んでおり、前回からしていたことなので大分スムーズになってきたのが感じられた。もちろん初めのほうは声が小さかったり、すこしバラバラな感じがしたが段々とうまくなっている気がした。もうひとつの印象的であった天候の問題は雨のせいもあって途中で帰ることになったことである。一回目は天気は良かったが、今回は雨がふっていたので足取りも自然と重く、前回以上にしんどい気がした。特に今回は山道を歩くことが多かったので足もとにもきをつけなければいけないので身体だけでなく、心身も疲れた。しかしながらいざ山道を登り切ると山からみる景色は絶景であった。こういったものを経験することがお遍路のだいごみであり、お遍路ならではのものだと感じた。

三回目

　今回のお遍路が僕が最後にいったお遍路であった。コースとしては第14番から第21番辺りを巡った。天気は良好であり、また今までとは違った環境であった。それは山道を歩いているときであった。野生のサルに

出会ったからである。しかも一匹ではなく、行くときどきに何匹も見たのである。これは今までのお遍路のなかでも特に印象的であった。自然に触れ合うとはまさにこのことなのだと感じた。また今回も山道を登って行ったので、登り切った後の風景は格別であった。風景といっても行く場所で全然違ったものなので見方も変わるし、見え方も違う。しかしどの風景も自分の足で歩き切ったこともあるので、なぜか満足感があった。

　三回目ともなるとお遍路になじみができて自然と歩くことにも慣れてきたのがあった。お経もお寺につくと自然に読み、すごくやりやすかったのを覚えている。お遍路は体験すればするほどなじみが強くなり、また一回一回違った体験ができるので悪くはないと思った。

最後に…

　冒頭でも述べたが今回訳あって数回しか小豆島遍路にはいけていないが、率直に述べると、はじめは正直嫌な感じがあったし、あんまり楽しめないと思っていたが、いざ体験してみればあんがい悪いものではないということであった。普段は体験できないことを経験できたり、心身共になぜかすがすがしいものになる。お遍路に若者が少ないのは実際に体験することがないからであり、一回でも体験すれば少なくとも少しは遍路に対しての考えが変わると自分自身の体験から感じた。

（津田裕太）

お遍路体験記その6

　四国の出身ではない私はこれまでお遍路に触れる機会はなかった。大学の講義で遍路に関する話を聞いたことはあったが、その時感じたお遍路の印象は「ひたすら歩き続ける苦しい修行」、「中高年の方がするもの」といったものであった。しかし、実際にお遍路を体験すると自分の中のお遍路に対するイメージや、さらには自分の考え方にも変化が現れてきた。

≪5月10日≫

　小豆島霊場会が主催する「ふれあい徒歩大巡行」に参加した。土庄港に向かうフェリーの中には白衣を着て菅笠と金剛杖をもった方が大勢おり、こんなに多くの方がお遍路をしに行くとは思ってもみなかった。聞くところによると、県外からの参加者もおり、お遍路に対する関心の高さを感じた。集合場所の大聖寺に着くと早速お勤めが始まった。ゼミで事前にお遍路に関する学習をしていたがお勤めをするのは初めてだったので、一般の参加者が般若心経を読むのを目で追いかけるので精一杯であった。

　また、この日は各札所で缶ジュースやうどんなどの「お接待」をしていただいた。お遍路にはお接待があることは聞いてはいたが、実際にお接待を受けると、長い距離を歩いた疲労感を癒してくれるような人の温かさを感じることができた。

　この日の行程は「第七十五番　大聖寺」から「第八十一番　恵門ノ滝」までの約16kmであったが、最後の恵門ノ滝に登るまでの山道が一番きつかった。恵門ノ滝までの山道は6度の歩き遍路を通して最もきつかったように感じる。それまではどの参加者も会話をしながら歩いていたが、この山道では約1時間誰もが無言で登り続けた。私は、これこそが真のお遍路と言えるのではないかと感じながら歩いた。

　恵門ノ滝までの行程はきつく苦しいものであったが、長い山道を登りきって目にする札所はとても荘厳で、目にするだけで何か御利益があるような感覚を受けた。さらに今回は、一般の参加者の方と話す機会もあり、お遍路に関する話をしていただいた。

　初めてのお遍路はお接待で人の温かさを感じることができ、きつく苦しい遍路道で精神力・忍耐力を鍛えられたよい経験となった。

≪5月17日≫

　今回は初めてのゼミ生だけでのお遍路となった。前回、ふれあい徒歩大巡行でお勤めの仕方が身に付いたので、札所に着くと鐘を鳴らし、お

賽銭をしてお勤めをするという流れが自然にできるようになった。しかし、般若心経を唱えるときにはまだリズムに乗れずぎこちない感じの読み方となってしまった。札所によってはお参りに来たことを察してくれた住職の方が一緒に唱えてくれるが、自分たちだけだとなかなかうまく唱えることができなかった。

　今回は「第二番　碁石山」への道のりが難所で、傾斜のきつい山を登らなければならなかった。しかし、前回の恵門ノ滝のことを思うとそれほどまでにきついとは感じなかった。それよりも、この日は時折小雨が降るあいにくの天気であったため、舗装されていない山道では踏み場を間違えると滑って転びそうな危険な状態であった。何日間もかけてお遍路をする人は当然雨の日にも歩かなければならない。雨の中歩くこともまた修行なのではないかと感じた。山を登り碁石山に着くと、小豆島の街並みと瀬戸内海を眺望でき、美しい眺めはとても気持ちがよかった。

　また、「第三番　観音寺」で昼食を食べるとき、お寺の方にお茶とはっさくのお接待をしていただいた。温かいお茶が雨で冷えた体を温めてくれた。雨が降るというコンディションが悪い中でのお遍路となったが、雨の中の遍路もよい体験になったと感じた。

≪6月7日≫

　「第二十番　佛ガ滝」から「第十四番　清滝山」への行程は約一時間歩き続ける坂道で、歩いている途中お遍路の団体と思われる観光バス何台かが通り過ぎて行った。バスが通り過ぎた直後はバス遍路を羨ましく思ったが、歩き遍路でしか味わえない体験もいくつかすることができた。

　一つ目は、山道を歩いている途中に野生の猿に出会えたことである。私たちが近づいても警戒していなかったので、普段はあまり見ない珍しい動物を間近で観ることができた。二つ目は、小豆島の美しい景色をじっくり見ることができることである。バス遍路では一瞬で通り過ぎてしまう絶景のポイントも歩きながらじっくり鑑賞することが出来るのである。そして何より、つらく苦しい道のりを歩いて札所に辿り着いたと

きの達成感である。バス遍路は安全かつ楽に札所を回れるメリットがあるが、時間と健康に自信のある人はぜひ歩き遍路を体験するべきだと感じた。

≪6月21日≫

　今回はこれまでの歩き遍路とは違い、バス遍路を体験することになった。5月のふれあい大巡行で訪れた「第八十番　観音寺」では今回もうどんのお接待をいていただいた。観音寺は火災で焼失した本堂が信者からの寄付によって再建できたので、そのお礼にうどんのお接待をするようになったという。

　今回は札所巡りに加えて寒霞渓と二十四の瞳映画村、エンジェルロードという小豆島の有名な観光地にも訪れることができた。前回の遍路で羨ましく思ったバス遍路を体験したが、やはり精神力・忍耐力を鍛えられて達成感を味わえる歩き遍路の方が自分には合っていると再確認することができたお遍路であった。

≪9月13日≫

　二度目の小豆島霊場会主催ふれあい徒歩大巡行に参加した。今回のふれあい徒歩大巡行には先達さんがおられ、私たちを率いて先頭を歩いてくれるだけでなく、各札所にまつわる話も紹介してくれた。なかでも私の印象に残っているのは、道中で弘法大師の足跡が残っている石を見たことである。私たちだけでは決して気づかないような場所にあったので、先達さんは遍路道を案内するだけでなくガイドもできるすごい人なんだと尊敬の念を抱いた。

≪10月25日≫

　ゼミ生だけでのお遍路は約4カ月ぶりだったので、お勤めも最初の方の札所ではややおぼつかない感じであった。徐々にうまくリズムに乗って唱えられるようになったが、やはりうまく唱えられなくてもお祈りす

る気持ちが大事なのではないかと感じた。「第二十五番　誓願寺庵」から「第二十七番　桜庵」までは旧遍路道を通って行ったが、この道がとても歩きづらい道であった。足元はドングリや落ち葉で滑りやすく、頭上には至る所にクモが糸を張っていたのである。

　旧遍路道を歩くと昔のお遍路さんになったような気持ちで歩くことができるが、昔のお遍路さんはこんなに危険で歩きにくい遍路道を通り、命懸けで札所に辿り着いて祈願していたのだと考えると今の私たちはとても恵まれた環境に生きているのだと感じた。

≪11月29日≫

　今回の遍路では自分が先達の一人として他のゼミ生を札所まで案内する役目を与えられていた。一週間前からどの道を通って札所を巡るかの打ち合わせをしていたが、実際に現地に行くとどの道を行けばよいのか分からず何度も道に迷ってしまった。本当の先達の方は地図を少し見ただけで札所へ連れて行ってくれていたので、そのようになるまでに先達の方たちは何十回も遍路を経験したのだと考えると絶間ない努力の積み重ねなんだなと感じた。

　さらに今回は小豆島の紅葉の時期と重なっていたので、瀬戸内海を背景にした見事な紅葉の景色は感動という言葉が当てはまるほどの美しさであった。

≪まとめ≫

　7回の遍路を体験して、遍路は自分を変えてくれるものであるということを実感した。1回目、2回目の遍路では「今日はどのくらい歩くのかな…」という考えが先に浮かんでいたが、5回、6回と数を重ねるごとにつらく苦しい道でも「これを歩けば新しい自分に出会える！」というプラスの方向に考えることができるようになった。また、お接待を受けることによって、いつも見返りを求めていた自分から、「人のために何かできないか？」という考えを持つようになったことが自分の中では

一番変わったと思う。

　小豆島遍路は島の方が遍路道の草を刈ったり、階段に手すりを設置するなどの整備によって支えられている。しかし、ふれあい大巡行に参加への若者の参加はほとんど見られないため、今の若い人はお遍路に対する関心が薄いのではないかと感じた。若い人がお遍路に関心を持たなくなれば小豆島遍路はなくなってしまうので、若い人にいかに関心を持ってもらうかが小豆島遍路の課題であると感じた。

　自分を少しでも変えてくれたお遍路に感謝し、来年も機会があれば是非参加したい。そして、少しでも小豆島遍路を全国にアピールできたらと思う。

（徳島　也）

お遍路体験記その7

はじめに

　私は、小豆島お遍路が初めての歩きお遍路の体験であった。私は香川県出身であるため四国お遍路をしている人を見かけることがあった。このため、「お遍路とはどのようなものだろか」という関心を持っていたが、遍路をしている人には年輩の方が多く「年輩の方のもの」というイメージがあり、お遍路をしたことは無かった。そして、規模は四国遍路に比べて小さいが小豆島でお遍路ができるということで参加した。

一回目

　大聖寺、三暁庵、歓喜寺、金剛寺、藤原寺、雲胡庵、薬師寺、観音寺、恵門ノ滝

　今回はふれあい大巡行に参加してのお遍路であったためゼミのメンバー以外にも約20人の参加者がいた。その多くが年輩の方であった。

　初めてのお遍路ということで、何をどのようにしたらよいか分からなくて、他の人の行動を見て真似をするしかなかった。また、お経も最初はなかなか上手くよめなかった。

　さらに歩くペース配分もわからなく最後の方は疲れていて、そのうえ恵門ノ滝まで最後の約2kmは上り坂であったため、到着して少しの間しんどくて喋れなかった。そして、帰りのバスのでは疲れのあまり寝ていた。

二回目

　札所は庚申堂、常光寺、向庵、碁石山、洞雲山、隼山、観音寺、古江庵
　草壁港から地図を見ながら歩き始めた。途中、道を迷いながらも予定通り札所に行くことができた。お昼ご飯を観音寺で食べた。そのとき、お寺の人がミカンとお茶をお接待してくれ、うれしかった。見ず知らずの人に優しく接することは、なかなかできないことである。
　お昼ご飯の後、雨が降り始めたためこの日のお遍路は中止になった。

三回目

　佛ガ滝、清滝山、石門洞、清見寺
　草壁港から猪谷のバス停までバスで移動しそこから佛ガ滝へ歩き始めた。佛ガ滝にて先生が木魚を購入し次の清滝山から、お経をよむときに木魚を使った。やはり、木魚の音があった方が、雰囲気がでていい感じであった。また、清滝山に行く途中野生の猿に遭遇した。清滝山へ行った後は石門洞へ行き、その後バスで清見寺へ寄り、そこから歩いて草壁港へ戻った。
　佛ガ滝、清滝山、石門洞の三つの札所では、お本堂が自然を利用して造られていた。佛ガ滝のお堂は洞窟の中に、清滝山と石門洞は岩壁に造られていたのが、とても印象的であった。

四回目

　吉田庵、福田庵、雲海寺、本地堂、当浜庵、海庭庵、楠霊庵、岡ノ坊、常光寺
　今回の遍路はふれあい大巡行に参加した。今回の参加者も年輩の方が

多かったが、小さな子供も二人参加していた。スタート地点の吉田庵までははバスで移動し、吉田庵から歩き始めた。しかし、いきなり吉田庵から次の福田庵へ行くには山を越えなければなけなかった。まだ歩き始めということで体力に余裕をもって福田庵に到着した。その後、雲海寺、本地堂、当浜庵、海庭庵、楠霊庵と順調に歩き、行く札所が残り二つになった。楠霊庵から岡ノ坊へ行くには、また山を一つ越えないといけなかった。やはり、一日に二回も山を越えるのは、大変であった。

五回目

安養寺、誓願寺庵、桜庵、阿弥陀寺、風穴庵、正法寺、誓願寺

今回は先達を任された。道に迷わないように、あらかじめ地図で札所の位置などを確認したが、初めて通る道であったため、迷わないで行けるか不安であった。

草壁港をスタートして安養寺、誓願寺庵、桜庵、阿弥陀寺へは、親切なことに道標や標識があり、迷うことなく行くことができた。

しかし、不安は的中した。阿弥陀寺を出発し、薬師堂へ行く予定であったが、途中で道を間違えて行く予定していなかった風穴庵へ着いてしまった。その間違えて進んだ風穴庵までの道は山道で大変であった。道を間違えてしまったため、今回訪れた札所の他に行く予定にした札所があった。しかし、そこへ行くと帰りのフェリーの時間に間に合わなくなるため行くことができなくて、少し残念であった。また機会があれば行くことができなかった札所に行ってみたい。

さいごに

お遍路をした感想は、一日10km以上歩くときもあり、とても大変だった。しかし小豆島遍路に挑戦できて良かった。般若心経をよんだこと、普段は誰も通っていない山道を歩くことなど普段できないことをお遍路で体験できた。また、ふれあい大巡行の参加者、各札所にいた人、一緒にあるいたゼミのメンバーなど多くの人にも出会うことができた。

　このような体験をして、はじめ、遍路は「年輩の方のもの」というイメージがあったが、イメージだけで決めつけてはいけない。やはり、実際に挑戦してみることが大切だと実感した。再びお遍路ができる機会があれば挑戦したい。

（西山優樹）

お遍路体験記その8

　大賀ゼミの小豆島遍路では、全ての札所を巡ることはできていないが、全7回の区切り打ちを行うことができた。区切り打ちを重ねる毎に小豆島遍路に対する興味や疑問が増し、同時に小豆島の観光や、まちづくりにも小豆島遍路を絡めていくことはできないのだろうかと思うようになった。今回のレポートでは、小豆島や小豆島遍路に関するデータ等が少ないために、全7回の小豆島遍路区切り打ちを体験しての自分やゼミ生の体験記を基に、小豆島遍路を体験しての報告をしたいと思う。

a. はじめに

　まず、お遍路と聞くと、白衣を羽織り、菅笠を被り、金剛杖を持ち札所を巡るというように宗教的なものであるというイメージがある。しかし、ゼミに入り小豆島遍路をすることに対して、宗教的な気持ちは一切なく、大賀睦夫教授の『四国のスピリチュアル・ツーリズム』（2008）において、歩き遍路動機の「挑戦」と分類されたケースに当てはまる、挑戦的・スポーツ的・オリエンテーリング的な感覚で小豆島遍路に挑もうと考え、小豆島遍路を行った。よって、お遍路に対して宗教的なイメージが強いが、宗教的感覚でのお遍路というより、スポーツ的な感覚のお遍路として小豆島遍路に取り組んできた。

b. 小豆島遍路を通じて

　全7回の区切り打ちを通じて、自然の中を歩き、人とふれあい、沢山のことを感じ、人間的に成長できた。お接待を受けた時の何とも表現し

難いありがたさ、お遍路ならではの神秘性、お遍路を終えた時の心地の良い疲労感と達成感はまさに小豆島遍路をしてみないとわからない、いや、感じることのできないものである。以下では上記に挙げた点などについて感じたことを述べていく。

c. お接待

　人やコンビニ、自動販売機すらない遍路道をひたすら歩き、疲労を感じている時に、お茶やみかん等をお接待していただけた時は、「見ず知らずの者にここまでして下さるとは何とありがたいことなんだ」と感動し、お茶の一杯でもこんなに嬉しいものなのだと初めて気付かされた。そして、お接待を受けたものの自分にできることと言えば、感謝することしかできないということも感じた。お接待はその人の気持ちであり、労い、思いやり等いろいろな思いが込められている。お接待を受けた時、もちろんお茶やみかんはありがたかったが、それ以上にお接待をしていただいたというありがたさを実感した。講義などの座学でいくらお接待やおもてなしというものを学んでも、それは表面的なものであり、お遍路をしてお接待を受けて初めてお接待とは言葉に表すことのできない、受けた者にしか分からないものであると感じた。

d. 非日常性

　小豆島遍路には、洞窟の中に入る札所もある。普段、街で建物に囲まれて生活している自分にとって、自然の中にある札所はまさに非日常の世界であるが、洞窟の中でお勤めをするという事は更に神秘性を感じた。薄暗い洞窟の中に入ると、お線香の香りが立ち籠め、ひんやりとした空気を感じる。そんな中で、護摩を焚きながらお経を読むということは日常生活で体験できることだろうか。住職が護摩を焚いている時に炎を見ながら、薪が燃える音、太鼓の音、皆のお経を読む声が洞窟内に響いているのを聴き、不思議な気持ちになりながらもお経を読む。小豆島遍路にいくつかある洞窟の中の札所は、他の札所よりも味覚以外の視

覚、聴覚、嗅覚、触覚で非日常性を感じさせ、同時に神秘性を感じさせることができるのである。それだけ洞窟内の札所は、人々を神聖なものと感じさせる何かがあり、加えて護摩を焚くことで、より神聖さ非日常さを際立たせているのであると感じた。

e. 充実感・達成感

　小豆島遍路は四国八十八か所に比べると距離も短く、短期間で巡礼できる。しかし、区切り打ちでも一つの区間で十数km程あり、かつ四国に比べると当然ながら小さい島であるため傾斜のきつい道のりが続いている。それは、ゼミ生が毎回帰りのフェリーに乗ると疲れた表情を見せたり、次の日に体の痛みを感じたりしていることからもわかる。お遍路は、アスファルトの道だけでなく、足場の悪い道のりも歩き、時には帰りのフェリーに間に合わすために急ぎ足で歩いたりと肉体的にかなりつらい時もある。しかし、日頃運動不足の自分にとって、お遍路は自然の中を地図や標識を参考にして目的地まで歩くというオリエンテーリングを一日中やったような感覚で、良い運動になっている。そして、お遍路を終えると充実感や達成感というものを感じ、疲れていてもどこか心地よい感じがする。お遍路は疲れはするものの、それ以上に肉体的にも精神的にも満たしてくれるものであると思う。

f. 遍路道

　今の遍路道は自然の中にある、昔からの遍路道以外にも新しく舗装された道も遍路道として利用されている。舗装された道は道路標識や地図を見ると現在地の予測がしやすくルートも検討しやすい。また、舗装された道では自然の中にある道に比べて、道の泥濘等の障害物となるものが少ないなどのメリットがある。しかし、舗装された道は長時間歩いていると足に負担がかかるなどのデメリットもある。このように、遍路道からいろいろ感じることがあるが、小豆島遍路を通じて一番強く感じたことは、昔のお遍路さんは今以上にお遍路をすることが大変だったであろうということである。昔のお遍路さんは、地図もなく標識のみを頼り

に歩き、時には追剥や野生の猪や猿、野犬に遭遇したり、道に迷ったり、雨や風で行く手を阻まれたり、怪我、病気をしたりと常に危険と隣合わせだったであろう。現在は道も整備され、いざという時は携帯電話で連絡できたりと昔に比べれば格段にお遍路での危険性は低くなったのではないかと思う。昔のお遍路さんのように歩き遍路をしていても、私達はとても恵まれた条件下でお遍路をしているということに気付くことも重要ではないだろうかとお遍路を通して感じた。

g. 観光としてのお遍路

　全7回のお遍路のうちの1度バス遍路を体験したが、道中でバスガイドにいろいろと説明などされると、目的地は札所なのにどこかお遍路という媒体を用いた団体旅行のような感じがした。「札所に着けば、バスを降りて境内に入る」ということと、「京都の有名寺院に着けば、バスを降りて境内に入る」ということとあまり違いがないように感じるのである。前者の場合「お勤め」を行うが、遍路は札所ではなく歩いてきた道のりが重要であるという「遍路は道なり」という言葉からも、お遍路は道中が重要であると思う。よって、歩き遍路は道に重きをおき、バス遍路は札所に重きをおいていると言えるのではないだろうか。このように考えると、歩き遍路を行っている者からすればバス遍路はお遍路ではないように思う。しかし、お遍路を行う動機が多様化している中、「観光としてのお遍路」も広義でお遍路と言わざるを得ないのではないだろうか。小豆島観光協会の資料によれば平成4年から現在まで小豆島に訪れるお遍路さんは年々減少しており、四国八十八か所の人気に比べて影をひそめている。このままでは遍路道の整備など、お遍路に様々な問題が生じ、更に小豆島遍路の存続が危ぶまれるのではないだろうか。小豆島遍路では大型バスなどの入れる道は限られているが、近年「まち歩き観光」といった個人や少人数単位での体験型観光も人気があるので、このようなニーズに対応できるよう札所を中心とした「まちづくり」を行うことが小豆島遍路や、小豆島にとって理想的な将来を生むのではない

かと思う。歴史的な意味での「巡礼としての遍路」だけでなく、時代やニーズの変化から「観光としての遍路」などいろいろな意味で遍路を考え、後世に残していかなければならないと「歩き遍路」、「バス遍路」を通して感じた。

h. 最後に

　このように小豆島遍路をしてみて気付くことや感じたことは上記以外にも多数あるが、やはり、実際にしてみることでゼミに入る前と今ではお遍路に対する考え方や見方は少しずつではあるが変わってきている。また、全ての札所を打てていないが、少しずつお遍路について分かりはじめ、視野も広がり、お遍路に関するいろいろなことに興味を持ちつつある。まだまだ、お遍路に疑問に思ったり気付く程度で止まっているので、これからは体験という姿勢ではなく、もっと深く調査していくという姿勢で取り組んでいきたいと思う。

（野口浩輝）

お遍路体験記その9

　2009年5月10日。私は人生で初めてのお遍路体験をした。この日は小豆島遍路をツアーのような感覚で体験できる「小豆島ふれあい大巡行」にゼミ生と大賀先生とともに参加し、16.5kmの道のりを歩いた。お遍路と言うとお寺を歩いて巡っていくものというくらいの知識しかなかった私たちにとって、初めてのお遍路体験は戸惑いの連続であった。まず、「般若心経」。お寺の方が読むお経に続いて自分も言ってみるが、全くリズムについていけず、しどろもどろであった。また、歩くということも私たちが想像していた以上に過酷なもので、舗装されたコンクリートを歩くだけではなく、そのほとんどは坂道、山道で何度も心が折れそうになった。この日1日を終え、帰りのフェリーではもう何も食べれないほど疲労していたのを覚えている。

　次に私が参加したのは、2009年5月17日。この日は、急斜面の山道と

突然の雨で、前回よりも厳しいお遍路となった。この日印象に残ったのは「お接待」である。「お接待」とは、遍路独特の文化で、寺を巡礼するとき、その寺の方からお菓子や飲み物、フルーツなどが貰えるというものである。このお接待には、長い道のりを歩いているお遍路さんへの労いの気持ちが込められていて、お接待を受けるということは、単に疲労を回復できるだけではなく、その地域の人々の温かさに触れることができる。この文化は私がお遍路をしていて最も心に残るものである。

　第３回目のお遍路は最初のお寺までバスで向かった。この日最大の難所は第十八番札所の石門洞へ向かう道のりであった。看板には「石門洞700m」と書かれていて、近いと思われたが、その道のりはこの日一番の急斜面で、今までのお遍路の中でも最も厳しい道のりであった。前へ進もうとしても坂がきつく全然前に進むことができなかった。登っても登っても続いていく坂道に何回も心が折れそうになったが、女子３人で励ましあいながら男子のスピードに負けないように必死で登った。今度は上ってきた急斜面を下って行き、バスが来るまで１時間ほど休憩していると、「ホーホケキョ」という鶯の鳴き声がした。普段の生活の中で鶯の鳴き声などほとんど聞いたことがなかったので、生の鶯の鳴き声に感動し、小豆島独特の魅力を再発見できた。

　第４回目と第５回目の遍路に私は参加することができなかった。

　第６回目には私も参加することができた。久しぶりのお遍路だったがこの日はお遍路に行くのがとても楽しみだった。この日は私が体験した中で最も疲れた１日となった。厳しい山道にはいつも頭を抱えるが、山頂にたどり着いた時見渡す小豆島の絶景は本当に疲れを吹き飛ばしてくれる。険しい山々を登って行くうちに、心身ともに強くなっているように感じる一方、本当のお遍路さんはこのような道のりを孤独と闘いながら登っているのかと思うと、その精神的強さを尊敬した。今回の巡礼が終わってみて、回数を重ねるうちに次第に周りが見えるようになり、今までは考えもしなかったお遍路をする方々の気持ちや、島の風景も見たり、考えたりするようになり、島のスピリチュアルツーリズムという

テーマに近付いていると感じた。

　私がこのお遍路体験を通じて感じたお遍路の魅力は、１．困難を乗り越えるという経験ができることである。お遍路をやり遂げた日の達成感は言葉では言い表せないほどで、１日がとても充実したものになる。これは日常から少し離れたお遍路だからこそ体験できるもので、この積み重ねが大きな自信へとつながる。次に２．普段はあまり交流も持たないような年齢層の方々と話ができることである。ふれあい大巡行では、80歳のおばあさんと会話をしながら歩いたのだが、普段あまりお年寄りの方と接する機会のない私にとって、会話の一つ一つが新鮮でおもしろかった。他にもお遍路には老若男女問わず様々な人が参加しているので、その人たちと会話をすることは自分の視野を広げてくれた。次に３．自分の成長が目に見えて分かることである。例えば最初はしどろもどろだった般若心経も、何か所もお寺を回っていくうちにリズムに合わせてフレーズフレーズで読めるようになり、ある程度は紙を見なくても読めるほどに成長した。また、険しい山道も、友人との会話を楽しみながら、だんだんとスピードを上げて進めるようになる。このように身を持って、お遍路を通じた自分自身の成長を確認することができる。このようにお遍路には様々な力や魅力あふれている。

　お遍路の年齢層について、何かしら人には言えないような悩みを抱えているような人、定年退職しお遍路をしてみる人、人から勧められてお遍路をする人、理由は一人ひとり異なっているが、年齢層はやはり60代以上の人たちがほとんどである。私は自分の体験を通してもっと若い人たちにお遍路体験をしてほしいと思う。私もそうだったのだが、お遍路となじみの薄い20代や30代の人たちにとって「お遍路＝苦行」というイメージが強く、お年寄りのやるものだと考えている人も少なくはない。そこでもっと若い世代の人々に、若者だからこそ経験できるお遍路の魅力、若者だからこそ経験しておくべき遍路について私自身の経験を生かして広めていきたいと思う。また、小豆島遍路に関して若者目線で考えてみると、お遍路＝歩くという考えを少し緩めてみるのも良いかもしれ

ない。第4回で行ったバス遍路もその方法の一つだと考えられるが、まず若い人たちに興味を持ってもらうという意味では有効ではないだろうか。もう一つ私が遍路をしていて感じたことは、遍路の道中で出会う美しい自然や、小豆島の名物を遍路の風物詩として考えてみるということである。私自身、お遍路をしていて楽しかった思い出というのは、みんなでお昼ご飯を食べていたり、小豆島名物佃煮ソフトやオリーブソフト、すももソフトを食べたことである。私たちのような年代の人たちにとってこのような楽しみがお遍路をしていく上で大きな力になるのではないだろうか。今後若者お遍路さんが増えていってほしいと思う。

（浜西実咲）

お遍路体験記その10

　私はゼミを通して、この1年で7回の小豆島遍路に参加した。春夏秋冬の小豆島と多くの人たちとの交流があったこともあり、一言では語れない思い出も多くある。その中でも、今回の体験記では「遍路道」「バス遍路」「景観」「般若心経」「ヒトとのふれあい」についてまとめていきたい。

＜遍路＞

　遍路をするにあたって、重要な要素が2つあることに気がついた。

　1つ目は歩くペースの重要性である。

　小豆島遍路は四国遍路に比べて距離は短いものの、道中には起伏の激しいポイントもある。山岳霊場を訪れる時には、煩悩とよばれるものを考えさせる余裕を与えないこともしばしばで、時には手すりが設置されている急勾配にも立ち向かわなければならない。

　また、雨の日になると遍路の厳しさは一層増すといえるであろう。なぜならば、傘をさしていると両腕をしっかりスイングして歩けないため、ペースも遅くなり、傘を持つ手に疲労が蓄積しやすくなる。それだけではなく、地面のあちこちにある岩が滑りやすくなっており、一時の油断が大けがに繋がる場合も少なくない。私は金剛杖を持って遍路へ行

くことはなかったが、傘は雨を防ぐための本来の役割だけではなく、時として杖となり３本目の足にもなった。このことが、金剛杖の存在がどれだけ道中の安全性を高めるかを感じるきっかけになった。

　しかしながら、晴れていれば問題ないのかと言われればそうとも言い切れない。遍路道の中にはアスファルトで舗装された車道であることもしばしばある。真夏の暑い時期ともなれば強い日差しの上にアスファルトの照り返しで、膝への負担や熱中症、脱水の危険性が高まるのである。一見、歩きやすそうな車道ではあるが、ゴツゴツした自然の岩があったとしても、大自然の営みが作り出す影と土の柔らかな地面のおかげで総合的に遍路道のほうが歩きやすいことがわかった。

　２つ目はルートの重要性である。

　遍路というものは主に、哲学的に「道（人生）に迷った」という人が行うことで、真理に近づいたり、自らの精神を鍛錬したりする場であると言える。しかしながら、こうして本当の意味で自身が道に迷ってみると、遍路というものに対して純粋な恐怖感を覚えた。この時は、不安だらけの遍路道の先に札所があったからよかったものの、「道に迷う」というのは笑い話のようにみえて当事者としては全く笑えない、そんな心持ちであった。

＜景観＞

　小豆島の魅力は山の中腹ならば左右でその景色が千差万別、山と海とが同時に見えることである。遍路の途中で巡り会ったたくさんの景色は、遍路道を抜けた時の開放感を伴って今でも記憶に残っている。夏の海は空が高く、そして青く、空間的な広がりを感じた。一方で秋の山々は紅葉で赤く彩られ、行く先々で大小さまざまな紅葉に出会った。手入れされた大学のイチョウや遠目に見える紫雲山のそれには見向きもしないのに、どうしてこんなに紅葉の写真を撮ったのだろうと気づいたのは、その日の遍路が終わってからのことであった。

　遍路を通じて、非常に印象深い風景に出会った。それは、一面が霧に

覆われた寒霞渓である。端的に言えば何も見えなかっただけなのだが、景勝地として有名な寒霞渓から全く不可視であることの新鮮さに特別なものを感じた。

＜バス遍路に対して＞

　バスや乗用車を使った遍路のあり方に対して、私を含めた多くの人が不快感まではいかないまでも、ある種の怪訝な思いに駆られるかと思う。バス遍路との遭遇した時「そんなことをしても功徳は得られない」という対抗意識は少なからず有していた。それは、ラクしたいなぁという羨望に由来するものではなく、遍路の本質をはき違えているみじめさをバス遍路に感じたからであった。けれども、フェリーや港までの距離の関係でバスやタクシーを利用した際、やはりラクでトクした気分になってしまったのも事実であった。自分が歩いているときに抱いた感想は棚に上げて、都合のいいときだけ肯定するというのは、後で振り返ると複雑な思いに駆られるばかりである。

　そんなバス遍路に対して、確かに言えることが2つある。

　1つは乗り物酔いの過酷さである。小豆島遍路では前述のように激しい起伏や山岳霊場があるため、バスは想像以上に揺れる。私は乗り物酔いしやすい体質であったため、バス遍路では案の定都合の悪いことになった。車内では「早く着け、早く着け」と切実に祈ったのを今でも鮮明に記憶しており、バス遍路は2度と御免被りたいと思っている。四国遍路も含めてバス遍路の参加者たちは、酔った時、もしくは酔い止め対策として何をしているのか、死活問題となった私にとっては非常に興味深いところである。

　2つ目はやむを得ずのバス遍路が存在するということである。例えば、足の悪い人や高齢者、そのほか心身に何らかの障害があって歩き遍路が困難な場合であるにも拘わらず、死者の供養や精神修行でどうしても巡行したい人たちにとっては、バスや乗用車での遍路は有効な手段であると言える。そう考えると、ただ漫然と歩き遍路以外を否定してしま

うは思考として危険であり、むしろ自身が歩くことができることに喜び
を感じることが大切だと思う。若さというのはそれを当然に備えている
場合が多く見失いがちではあるが、こうした姿勢が社会の中において他
者理解へと繋がっていくのではないかと思った。

＜般若心経＞

　小豆島遍路を通じて初めて般若心経に触れることになったわけだが、
その内容は漠然としたイメージでしか頭に入っていないのが現状である。
そんな中で分かったこともあり、それは主に３つの事柄が挙げられる。
　１つ目は集中できることである。
　視覚的には漢字の羅列でしかない般若心経を、弘法大師は中庸な声と
テンポで読むべきであると教えている。ふれあい徒歩大巡行の参加者の
中には独特の抑揚を披露なさる方もいたが、少なくとも私は不慣れなの
と疲労とで経を目で追い口に出すので精一杯であった。それが自然と集
中力を高めたと言えるかもしれない。
　２つ目は慣れれば上手になることである。
　当初はリズムや読み方、文節のように区切る箇所が分からなかったた
め、みんな自信がなく小声であったり、１人が飛び出したりしていた。
けれども、回数を重ねるごとにコツを掴んで、小豆島遍路も７回目を数
える頃には逆にソラでよめる部分も出てくる程にまでになった。当たり
前のことのように感じるかもしれないが、ここまで上手になるとは当初
から考えると想像し難いと言っていいだろう。

＜ヒトとのふれあい＞

　遍路でヒトとのふれあいを語る上で、お接待の存在を無視することは
できない。
　ある時は札所の人に飲み物をいただき、またある時は「お遍路さん、
どうぞ」と外にみかんが置いてあることもしばしばあった。ふれあい徒歩
大巡行で観音寺を訪れた時はうどんのお接待があり、ひどく驚いたのも

記憶に残っている。お接待を受けるというのは非常に嬉しいものであったが、こうした気持ちを伴った純贈与が無くなりつつある社会において、お接待はもはや文化の領域にある学問だと位置づけてもいいであろう。

　小豆島遍路ではもう1つ、ヒトとのふれあいについて考えされられることがあった。それは再会の喜びである。ふれあい徒歩大巡行は年に2回開催されるが、一期一会が基本の遍路とは違って、遍路ツアーでは何度も参加する人たちもいるため、再会の可能性が高いといえます。私の場合は、第1回の大巡行で先頭を一緒に歩いた地元の男性と、第2回で再会することができた。道中では前回の遍路の思い出話や、誕生寸前の民主党政権に対する期待や不安について大いに意見交換できたと思う。歩き遍路は修行であることを意識して黙々と歩くことも大切なのかもしれないが、おじさんとの世間話はコミュニケーションの新しい場所としての歩き遍路を認識することができた。

　ちなみに、第2回のふれあい徒歩大巡行には10歳前後の子どもも参加していた。小さな体に身長に合った金剛杖を持ち、騒いだりすることなくしっかりとした足取りで歩く姿を見て、私を含めた多くの大人たちの心が揺れ動いたのではないだろうか。

＜まとめ＞

　ここでは、第7回小豆島遍路で名言看板に出会った時の話で結びたいと思う。

　名言看板とは8コースの佛谷山参道に立てられている、佛谷山の住職が書いた名言のことである。看板は全部で10近くあったが、その中で私が特に気に入ったものがある。

　「下みれば我に勝りし者はなし、笠とりてみよ空の高さを」

　私たちはきっかけがどうであれ、お遍路の世界と関わりを持ったことで仏教的な思想だけではなく、自然の美しさや自身が健康であることの大切さを知ることができた。下という概念がお遍路前の自分だとしたら、きっと今の方が充実した生活をしていると思う。しかしながら、小

豆島遍路の全コースを制覇したわけではない上に、世の中には何十回もの巡行を達成している人たちも存在する。空は高く、自分にはまだまだ登るところがあることにも気づかされた。

　お遍路に終わりはないのではないかと思う。霜月の末日にもかかわらず、満員で地べたに座るしかなかった帰りのフェリーや、遍路の翌日に階段の上り下りを妨げる筋肉痛。こうした日々の生活をも含めたすべてでさえも、お遍路の一環なのだということである。

（水野晃浩）

お遍路体験記その11

　これまでバス遍路も含めると合計で7回小豆島遍路を行ったが、遍路をする前とした後で自分に起こった変化や、それぞれの遍路で印象に残ったことを、まとめとして以下から述べていきたいと思う。

　今回の遍路で印象に残ったこととしてまず挙げられるのが、小豆島の景観である。小豆島から眺める瀬戸内海は、どのコースで行った時もそれぞれ違った様子で楽しむことができた。コースの中には、小豆島の町並みと瀬戸内海を見下ろせる絶好の場所が数多く存在していて、それを探しながら遍路を行うことは、私の一つの楽しみでもあった。そのような場所を見つける度に、それまで歩いてきた疲れを一時的に忘れられ、精神的に一度リセットした状態で再び遍路に臨むことができた。また瀬戸内海だけでなく、小豆島自体にも多くの素晴らしい景観があった。特に印象に残っているのは、7回目の遍路の時に第四十二番札所の西ノ滝で見た紅葉である。何故印象に残っているのかというと、最近行ったからというのもあるが、やはりその紅葉の美しさに惹かれたからである。遍路をした時期がちょうど紅葉の季節で、西ノ滝以外にも紅く色づいた山は何度か見かけることができた。しかし西ノ滝の紅葉は、それら他のものとは違い本当に鮮やかな紅色で、またそれを間近で眺めることもできたため、非常に感動した。さらに紅葉の中にはお寺がひっそりと佇んでいて、その寂寞とした様子はどこか神秘的な雰囲気を醸し出してい

た。「趣がある」という言葉はよく聞くが、それはまさにこのようなことを言うのだなと心の底から思うことができる風景だった。

　4回目の小豆島遍路は、いつもと違いバスを使った遍路であったが、このバス遍路をしていて私は気付いたことがある。それはバスから見た景色と、歩きながら見た時の景色の感じ方の違いである。バスで遍路をしている時、私の乗るバスがたまたま3回目の時に歩いた道を通った。歩いた時は何十分もかかったのに、バスで通るとたった数分の距離だった。そして私は歩いた時と同じ、瀬戸内海を見渡せる場所から景色を眺めたのだが、一瞬で通り過ぎたということもあり、ほとんど何も感じなかった。しかし歩いた時はそれまでの疲れや似たような景色が続いていたため、瀬戸内海が見渡せるその場所に立った時は、景色に深く感動し、体も心も軽くなったような気分になれた。そこは絶景スポットと呼べるような所ではなくて、普通にただ海が見られるというだけの場所だったが、その時の私には絶景と呼べるほど、その景色が輝いて見えた。

　バスの中で見る景色と歩きながら見る景色では、こんなにも感じ方に違いがあることに気付かされたが、それとともに、私は歩き遍路の良さは、自分だけの土地の魅力を発見できるという所にもあると思うようになった。普段何気なく通り過ぎてしまう場所でも、ゆっくり歩いて観察することによって、新たな発見があるかもしれない。それが例えどんなに些細なことだったとしても、その小さな発見がその土地の魅力の発見に繋がっていくのだと思う。その点で歩き遍路は、一つの観光手段としても非常に注目されるべき要素だと私は考える。

　次に印象に残っているのは、様々な人や動物との出会いである。7回行った小豆島遍路のうち、第1回と第5回は「ふれあい徒歩大巡行」という形で、学生だけでなく一般の人たちと一緒に遍路を行った。最初の大巡行は高齢の人が多かったように思えたが、次の大巡行は私と同じくらいの年齢の人や、子供の姿も見かけることができた。そのような人たちと一緒に遍路をしていると、遍路の苦しさや楽しさを共有しているように思えて、心強かった。また、ある札所で私がお経のどこを読んでい

るか分からずにあたふたしていると、隣に同じ遍路をしているおじさん
が来て、どこを読んでいるかを親切に教えてくれた。普段生活していて
見ず知らずの人から親切にされたことなど、全くといっていいほど無
かったので最初は少し戸惑ったが、非常に嬉しかった。また遍路をして
いると、お接待というものも受けることができた。ある所では、飲み物
を頂いたり、またある所ではうどんやお菓子などの食べ物を頂いたりし
た。そのどれもが私たちお遍路を気遣ってくれたもので、本当に有難
かった。それによって肉体的な疲れが取れるのはもちろんのこと、人の
温かさに触れる度に、精神的な疲れまで癒された。その意味でお接待と
いうものは、他のどんなものよりも効果のある栄養剤のように思える。
一人で遍路をしている者にとっては、特にそう思えるのではないだろう
か。お接待を通して人と触れ合うことは、遍路をするうえで非常に大き
な支えになっていると私は思う。

　緑豊かな小豆島では、人だけでなく様々な動物とも出会うことができ
た。その中で一番印象に残っているのは、猿との出会いである。今まで
猿といえば、動物園でしか見た事がなかったので、初めて野生の猿を見
た時は非常に驚いた。テレビでよく猿が観光客を襲っているのを見てい
たので、自分も襲われるのではないかと思っていた。しかし小豆島の猿
はおとなしいのか、それとも人間に慣れているのかはわからないが、こ
ちらの方を向くだけで、襲ってきたり逃げ出したりするということはな
かった。それが分かった途端、私は安堵するとともに、猿ののんびりと
した様子を見て微笑ましくなった。思いもよらぬ場所で思いがけないも
のと出会う。これもまた、歩き遍路の良さの一つだと私は思う。

　歩き遍路をしていると、道がわからなくなったり、足腰が痛んで非常
に疲れたりといった、とても大変な思いをしなければならない。しかし
それと同時に歩き遍路には、人や動物たち、素晴らしい景色や自然の神
秘などとの様々な出会いもある。乗り物を使って遍路をしていても、そ
ういったものに出会えない訳ではないが、前にも述べたように、乗り物
を使った遍路と歩き遍路では、感じ方というものが全く変わってくる。

なので、歩き遍路の方がより深くそのような出会いに感動することができるはずである。また、私は歩き遍路というものは「人生」を表しているのではないかと思う。人生においても自分の道に迷うことはあるし、歩き疲れて休みたくなる時もある。そしていろいろな人や自然との出会いがある。少し寄り道をすれば、そこには新たな出会いや発見があるかもしれない。そしてそういった出会いや発見をする度に、今までの苦しみはこれに出会うためにあったのだと思えるようになると私は考える。苦しさというのは、その後の喜びを何倍にもしてくれるもの。私は歩き遍路をすることで、そう思えるようになった。

　少し話が逸れた気がするが、歩き遍路には人生も含めて、様々な事を考えさせられるようなものが詰まっていると思う。だからこそ、交通が便利になった今でも歩き遍路が根強く残っているのだろう。私は歩いている時は、実際に人生や歩き遍路の魅力について考える余裕はなかったが、今こうしてその時を思い返してみると、今まで気づかなかったことに気づかされた。まだ小豆島遍路は残っているが、あと残り少ない遍路で自分なりの出会いや発見をして、もっと小豆島や歩き遍路の魅力を感じていきたいと思う。

（宮内崇匡）

図7　2009年11月29日第8コースにて

おわりに

　観光とは「国の光りを観る」ことだと言われる。四国・瀬戸内圏で光りと言えば、いぶし銀かもしれないが、お遍路を第一にあげることができよう。お遍路を世界遺産にという運動もある。「世界遺産にふさわしいものがあるとすれば、それはお接待でしょう」と言うお遍路さんがいた。お遍路をした人がいちばん驚くのは、見ず知らずの人からお接待されることではないかと思う。そのような美しい文化がこの地域に残っているのはすばらしいことである。また、お遍路をしながら小豆島の海岸や山岳霊場から見る瀬戸内海の美しさ。これは何度見ても飽きることのない絶景である。しかしながら、このような歩きの時代の文化や美意識が、車社会になってだんだん失われていくことも危惧される。

　この一年、ゼミ生諸君とともに小豆島を歩き、たくさんの瀬戸内の魅力を再発見できたのはよい経験だった。自分自身を振り返ると、二十数年間、四国高松に住みながら、お遍路をしてみようという気持になったのは、ほんの数年前のことであった。筆者は、老境に近づいて初めてお遍路のすばらしさに気付いたわけである。そのような人間が若者にお遍路の魅力を説く資格はないのであるが、無理を言って歩き遍路に付き合ってもらった。まだディズニーランドで楽しみたい年頃の学生諸君が、どんな風にお遍路を経験するのか、興味津々だった。筆者にとっては、学生諸君が苦労して歩いた経験を書いてくれた「お遍路体験記」がこの一年の最大の収穫だった。

（大賀睦夫）

第5章　サヌカイト原産地香川県金山の調査

丹羽　佑一

　金山産サヌカイトは縄文時代から弥生時代中期に至るまで、中国、四国、九州に幾多とある地域社会を越えて広く運ばれ、消費地において石器に加工され、使用された。本調査の目的は、金山の初めての発掘調査によって、サヌカイトの原産地における石器生産活動を復元し、その特質をもって広域性の理由を検討することにある。

　香川大学経済学部考古学研究室は、平成18年度に香川県坂出市金山の分布調査を行い、そのデータに基づいて平成19年度から21年度3カ年の発掘調査を計画、実施した。出土した遺物の殆どはサヌカイト原石と石器素材であるが、コンテナー1,000箱分に及び、その整理・分析作業は始まったばかりである。したがって当報告は金山の発掘を中心とする調査報告の概略にとどまるものである。

　なお、本調査は平成18年度から21年度の科学研究費補助金の交付（基盤研究B　課題番号1832017　課題名　香川県金山産サヌカイト製石器の広域流通システムの復元と先史経済の特質の検討　研究代表者　丹羽佑一）と香川大学研究プロジェクト（瀬戸内圏研究枠）の対象となっている。

I　金山の位置と分布調査

　金山は香川県の中央、坂出市の市街地の東辺にある。縄文時代から弥生時代には市街地は入り江で、金山は、入り江の東側袖部にあたっていたものと思われる。入り江の痕跡は、金山の西麓にしたがって北流し、瀬戸内海に注ぐ江尻川にしのばれる。縄文時代、弥生時代に山裾に海が迫っていたことは、サヌカイト製石器、及び石器素材の搬出に舟が用いられた事を推測させる。

　平成18年度に金山の分布調査を行った。分布密度の濃淡はあるが、山頂を除くほぼ全域で弥生時代中期の石器生産を示す資料が採集された。中でも、標高150mから90mあたりの東、北、西部の連続する山腹で濃

密な石器素材に関連する資料が分布する。南部では撹乱を受けた地区から盤状石核、翼状剥片の失敗品各1点を採集している。金山での最初の旧石器の発見である。山頂には石器生産そのものは認められないが、近くに石器石材になるサヌカイト転石を供給したサヌカイトの露頭がある。このような石器生産に関連する資料の分布は金山全域が旧石器時代から弥生時代中期にいたる極めて長期のまた広大な石器生産遺跡であることを示すものである。

　しかし、この遺跡の展開は二つの困難な問題をもたらすことになった。一つは発掘地点の選択であり、いま一つは遺跡の保全についてである。全域が遺跡であるから、わずか数か所の発掘で、遺跡を把握することができるのか。調査地点の選択には東西南北という方角と最も資料の分布が濃密なところという単純で絶対的な基準を設け、あとは幸運にすがるということになった。東1、東2、北1、西1、南1の4地点を選んだのである。

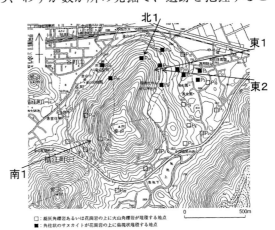

□：擬灰角礫岩あるいは花崗岩の上に火山角礫岩が堆積する地点
■：角柱状のサヌカイトが花崗岩の上に集塊状堆積する地点

図1　金山の地質と調査地点
長井謙治「金山の地質環境」『香川考古第9号』2004に加筆

写真1　金山遠景（東側綾川から見る）

写真2　金山山頂付近のサヌカイト
　　　　岩脈の露頭

Ⅱ　各地点の発掘調査の検討

（各地点の座標値はガーミン社GPSMAP60CSxのGPS測定値である。）

1　東1地点（北緯34°18' 33.8" 東経133°52' 32.8" ±5m　標高107m付近）

　標高107m付近、地表には濃密な弥生時代中期の石器生産に関わる資料の分布が認められ、かつ調査の大きな支障となる木立の途切れた地点である。加えて傾斜が緩く石器製作場が想定できる場所であった。東西南北3m四方を3mの深さまで掘り進んだが有史以前である基盤層には至らなかった。土層は未発達で地表の石の分布を含めて13の石の層が検出されたが、石器生産の実態を示す遺物を包含するのは地表層だけで、それ以下の層では大ぶりのハンマーを上部2層で計2点検出したものの、加工痕跡のある石材は極めて少量であった。ほとんどを占めたのが握りこぶしより小さなサヌカイト原石（礫）で、石核素材に相応しい人頭大のものはこれまた少数であった。この堆積状況は沢のような地形に大量のサヌカイト礫が間断なく流れ込み、最上部、最後に堆積したのが弥生時代中期の石器生産に関連する石器素材であったことを示すものである。弥生時代の第一次堆積層が埋まり切らずに現地表層を形成しているのである。金山の現地勢は2,000年前の弥生時代中期とさほどかわっていないということであろう。したがって、周辺には幾つかの小さな窪地が認められるが、あるいは弥生時代の採掘坑であったことも考えられるのである。弥生時代中期の金山は生身を曝している。遺跡保全にとっては極めて難しい状態である。なお、サヌカイト小礫の厚い堆積は、当該地域において弥生時代中期以前には地表には石器素材に相応しいサヌカイト礫が少なかったことを示しているのではないだろうか。

2　東2地点（北緯34°18' 34.3" 東経133°52' 38.5" ±5m　標高86.5m付近）

　東1地点の下方、標高86m付近に東西南北2m四方の試掘坑、東2地点を設定した。地表には金山技法を示す弥生時代中期の石器生産関連資料の濃密な分布が認められる一方、かつて縄文時代後半の洗谷技法を示

す残核が採集された地点でもある。

　地表層下第6層が基盤層で、上から第4層までがサヌカイトの石核素
材、石核、剥片を主体とする石の層で、そこに数点の石器成品、少量の
自然礫、土砂の僅かな混入が認められている。表土層より下では石核、
石核素材に金山技法は認められない。第5層は土壌に石器生産関連資料
が包含されていることを特徴とするが、石器生産関連資料は上部に顕著
で、下部では小型の剥片を主体として横剥ぎ剥片を素材としたサイドス
クレーパーが1点出土している。この層からは撫で調整を施した無文、薄
手の土器小片が1点出土している。金山で初めての土器である。類品を
弥生時代前期に求める意見が有力である。直上の第4層からやや薄手の
太型蛤刃磨製石斧が出土しているが、これに見合う年代観である。これ
らに加えてこの地点の特徴は石層、第5土層の堆積形成過程に求められ
る。調査地点は急勾配の斜面に設けられているが、表土層の下の第1か
ら第4層の石の層は斜面上方では厚さ2mに及び、急勾配の斜面上の堆
積としてその厚さは異常である。通常の斜面への堆積ではなく、窪みに
溜まったものと考えられるのである。一方第5層は、その上半部の堆積は
斜面の勾配に逆行する。下方から上方に向かって堆積しているのである。
この不自然な堆積は、第5層の堆積に人為が関与したことを示すものであ
ろう。この二つの特徴的な堆積が同じ場所で起きていることを考え合わせ
れば、第1層から第4層が堆積した、あるいは埋めた窪地は人工の窪み
であったことが推察されるのである。金山がサヌカイトの原産地であるこ

写真3　金山遺跡東1地点地層堆積
　　　　状況（斜面下側から見る）

写真4　金山遺跡東2地点地層堆積状況1
　　　　（太い点線と細い点線の間が第5層）

とから、この窪みはサヌカイト原石の採掘坑と考えられるのである。基盤層の上に旧石器時代の層、縄文時代前半の層を欠くこと、上方の東1地点で、弥生時代中期以前には地表に石器素材に適した大きさのサヌカイト原石が少ないことが観察されたこともこの推察を助けるものである。

　採掘は斜面に相対して前方にやや下るように掘り進んだものと思われる。掘削の終了は前面に掘り出された堆積土層の壁が掘削に不適なほどに高くなったときであろう。結果的に私たちの発掘と類似する採掘坑が残されることとなったのである。この採掘坑は縄文時代晩期から弥生時代前期の頃に設けられ、弥生時代中期には埋まっていたことが堆積層序から知られるが、短期間の埋没は、堆積層である第1層から第4層に土層の形成がほとんど認められないことと、分層はされるが、各層の内容が同じであることに4回の反復した堆積が想定されることから認知されるのである。東2地点の調査は平成20年度と21年度の2期にわたって実施されたが、21年度の調査ではグリッド東端で基盤層に対する錯綜する二つの掘り込みが検出された。重合する採掘坑を示すものであるが、これは採掘坑が石器生産の単位になることを示すものである。採掘坑を埋める石器生産資料の堆積にこの生産単位による近接からの廃棄行為を想定すると、私たちはそこに、金山における石器生産の規模、システム、流通の単位をも検討できるデータを求めることが期待されるのである。

　なお、サヌカイトの採掘は基盤層上面で留まったようである。石核素材、石核と基盤層に含まれるサヌカイト原石の形状が多少異なっている

写真5　金山遺跡東2地点基盤層への掘り込み（点線で示す）

写真6　金山遺跡東2地点地層堆積状況2（斜面上方壁）

ことからの推察である。縄文時代末、弥生時代前期では、石核素材となるサヌカイト礫は、旧石器時代層・縄文時代層の掘削と、そして少量と考えられるが、当該期間の地表からの採集によって得られたものと推察される。また、このような採石のための掘削と第５層の上半部と下半部の堆積の不整合は、第５層が下半分のオリジナルの堆積と上半部の削られた当該層の上方からの再堆積から構成されていることを示すものである。第５層の下半部は縄文晩期以前に形成されたものであろう。

3　北１地点（北緯34°18′42.8″東経133°52′28.4″±5m　標高138m付近）

　標高138m付近に東西南北２ｍ四方の試掘坑、北１地点を設定した。本地点に隣接して狭い平坦場があり、それに石器製作場を想定し、そこから豊富な堆積物を期待しての調査地点の選択である。

　本地点でも地表には弥生時代中期の金山技法を示す石器生産関連資料の濃密な堆積が認められる。地表下第１層、第２層はサヌカイトを主体とする石の層で、サヌカイト原石、サヌカイト製石核石材、石核、剥片の石器生産関連資料から構成されるが、それらに金山技法は認められない。それらの堆積は北東方向の傾斜を示すが、これは北１地点が山頂の北端から少し下った山稜の北東側に位置する立地に従ったものである。自然な堆積である。第２石層にサヌカイトの岩脈を期待させる大型のサヌカイト塊群が検出されたが、転石であった。しかしその形状から、現在は不明であるが、過去に上方に控える山頂北端にサヌカイトの露頭があって、その落下したものが北１地点のサヌカイト塊であることが推察されるのである。なお、金山北部中腹は現地表のサヌカイト原石が豊富に分布することが地質の特徴になっている。

　第２層以下の第３、第４層は土壌を主体に、サヌカイト礫・石核素材・石核・剥片が包含されるが、その量は上部の石層群より少なく、さらに第３層より第４層と下位に位置するに従って少なくなる。第５層が基盤層で土質、包含されるサヌカイト原石の形状は東２地点と類似する。

　本調査地点の地表層も弥生時代中期に形成されたものである。それ以

下の層の形成年代は明らかではないが、堆積層の内容、全体の層序について東2地点と比較すると、第1・2層は縄文時代末・弥生時代前期、第3・4層は縄文時代と推察される。第5層が基盤層であるから、本地点においても旧石器時代層が欠落することになるが、掘削の痕跡がないことから下方に流出したものと推察される。

4　南1地点（北緯34°18′9.1″東経133°52′3.9″±5m　標高118m付近）

　山頂の南端から西の方、山稜の南西下方の標高118m付近に東西南北2m四方の試掘坑、南1地点を設定する。本地点の下方2mで撹乱土から盤状石核の残核と翼状剥片の失敗品各1点を採集したことから、その出土層と層序を確認するために設定した試掘坑である。

　表土層では石器生産関連資料から僅かではあるが金山技法が認められている。この点は他の調査地点と同じであるが、その量の少なさが地点の特徴となっている。表土下第1層から第3層は土壌を主体とし、サヌカイト原石、石核素材、石核、剥片が包含される。その量の多くはない点が北1地点の第3、第4層に類似するが、表土層直下の石を主体とする層の欠落が相違点であり、特徴ともなっている。また第2層から、並列する2面の翼状剥片を取り出す作業面をもつ大型の盤状石核が出土している。この地層中唯一の旧石器である。

　第3層の下が第4層でこれはサヌカイトを主体とする石の層である。少量の石核素材、石核、剥片の他は、人頭大サヌカイト原石（礫）から

写真7　金山遺跡北1地点地層堆積
　　　状況（点線の間が第3・4層）

写真8　金山遺跡南1地点地層堆積
　　　状態（点線の間が第5層）

構成されている。第5層も石の層で人頭大サヌカイト原石（礫）の割合が第4層より高くなっている。第6層は土壌を主体とする層で、小型の翼状剥片、横長剥片が出土する。検出した最下の第7層は安山岩、サヌカイト原石を包含する基盤層である。

　これら検出された地層の年代は、第6層を除くと当該地の層だけからでは明らかではないが、他地点の調査結果と比較すると、表土下第1層から第4層は縄文時代から弥生時代前期の土層に比定され、第1から3層は他の地点では知られていない層となる。いずれにせよ大量の石核素材、石核、剥片を主体とする層の欠落は、当該地域での縄文時代・弥生時代前期の石器生産活動が低調であったことを示している。一方、本調査地点は旧石器が地表の撹乱土から採集発見された場所に近接するが、層序と包含している剥片の型式から第6層が旧石器時代層に認定される。

　以上が金山原産地遺跡の平成18年度から21年度の分布調査・発掘調査の概略である。本調査では、今後両調査によって得られたコンテナー1,000箱分の土器片1点を含む金山産サヌカイト製石器生産関連資料のデータベースを作成する予定である。発掘調査、出土遺物は公開している。本調査・研究が、金山をはじめとする原産地遺跡の研究に寄与できることを願っている。

Ⅲ　遺物の検討

1　層序と出土遺物の年代

　各発掘地点とも、地表を形成する石層からは弥生時代中期の金山技法が認められるサヌカイト石核と剥離剥片（写真9・10）、多量のチップが出土する。それ以下の層は層の質と包含される遺物の特徴から二つのグループに分けられる。東2地点の第2層から第4層、第5層上半部（再堆積層）、北1地点の第2層、南1地点の第4層のグループと、東2地点の第5層下半部（オリジナル層）、北1地点の第3・4層、南1地点の第5層のグループである。前者はサヌカイト原石、石核素材（石核未製品）、石核、剥片、石器未製品（打製石斧）から形成される石の層で僅かに土

壌が混じる場合もある（写真11〜24・26）。南1地点第4層は土壌分が多い。弥生時代前期と推察される土器片（写真34）、やや扁平な太形蛤刃磨製石斧（写真29）が出土するところから、縄文時代末から弥生時代前期の年代が与えられる。後者は南1地点第5層を除くと土壌を主体とする層でその中に、サヌカイト原石、石核素材、石核、剥片、石器（サイドスクレーパー等）を含む（写真27・28）。その量は、前者と比較すると少ない。末期以前の縄文時代の年代が与えられる。これらの層群に属さないものとして、南1地点の第2・3層、第6層がある。第2・3層は、

写真9　北1地点地表採集の金山型石核（1078.6g）と剥片（表）

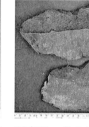

写真10　北1地点地表採集の金山型石核と剥片（裏）

写真11　東2地点第3層板状石核（1669.6g　表）

写真12　東2地点第3層板状石核（厚3.82cm　裏）

写真13　東2地点第3層板状石核（1891.5g　表）

写真14　東2地点第3層板状石（厚3.85cm　裏）

写真15　東2地点第3層板状石核（左627.9g　右608.4g　表）

写真16　東2地点第3層板状石核（左厚2.45cm　右厚2.6〜0.9cm　裏）

写真17　東2地点第3層板状石核（左211.0g　右589.2g　表）

土壌を主体とする点が縄文時代末・弥生時代前期層群と異なるが、遺物に関しては、少量である点を除くと、その内容は同じである。第6層も土壌を主体とするが、包含する遺物は、サヌカイト原石、少量の小型の翼状剥片、横長剥片である。後期旧石器時代末の年代が与えられる。

写真18　東2地点第3層板状石核（左厚1.5〜1.0cm 右厚1.65cm 裏）

写真19　東2地点第4層板状石核（1631.9g　表）

写真20　東2地点第4層板状石核（厚4.55cm 裏）

写真21　東2地点第3層打製石斧未成品（455.6g　裏）と剥片（149.1g 表）

写真22　東2地点第3層打製石斧未成品と剥片（裏）

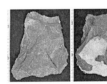

写真23　東2地点第4層打製石斧未成品（1704.7g　左・表　右・裏）

写真24　東2地点打製石斧未製品（2173.5g　左・表　右・裏）

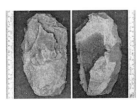

写真25　金山東麓表面採集打製石斧未製品（789.8g　左・表 右・裏）

写真26　東2地点第5層打製石斧失敗品（229.9g　左・表　右・裏）

写真27　東2地点第5層
調整剥離痕のある剥片と
横長剥片（表）

写真28　東2地点第5層
調整剥離痕のある剥片と
横長剥片（裏）

写真29　東2地点第4層
磨製石斧転用ハンマー
（705.2g 左・表 右・裏）

2　各期の遺物群の特徴と石器生産

①　弥生時代中期

　地表層の石核、剥片に金山技法が認知されるが、その遺物群から復元される石器生産の特徴は、石核、そして石核から剥片の製作で石器生産を完了している点である。この剥片から主に打製石包丁が製作されると考えられるが、基本的には金山では石器成品までは生産していない。搬出された剥片は、消費地で成品に仕上げられる。この金山での石器生産から、石材、石核は流通の対象でないことが推察される。もっとも、クニの政治中枢を示す佐賀県・吉野里遺跡からの石核の出土に注目すると、厳密にいえば「石器生産においては」という但し書きが必要である。このような流通の特徴は、弥生時代中期に至って、金山の石器石材（サヌカイト）が特定の集団に独占されるようになったことを示すものであろう。また、剥片の生産量は全消費地の全石器の生産に見合う規模であるだけでなく、全石器生産労働量と同程度の労働力を必要とするものであった。これは、金山の石器生産が専業化したことを示している。ここにも特定の集団の存在が求められるのである。

　なお、同じくサヌカイトを産出する奈良県・二上山でも弥生時代中期に類似した状況が現出している。二上山では石剣の生産が盛んであるが、その素材となるサヌカイト石材、石核が搬出されることは希であった（大野薫「二上山の原産地遺跡及び関連遺跡」『原産地遺跡から

時代を読む』2005年12月（第19回古代学協会四国支部大会発表資料））。
石剣は武器であり、石材はもちろん、石剣完成までの生産過程そのもの
のが特定集団によって厳重に管理されていたのではないかと思われる。

② **縄文時代末期から弥生時代前期**

　この時期の遺物群の特徴は石核に剥片剥離打撃痕、剥片に打撃痕が
認められないことである。これは石核から意図した剥片剥離が行われ
ていないことを示している。剥片の生産は行われなかった。

　したがって形状が石核に類似していても石核かどうかは判定が難し
い。あるいは搬出されなかったということから失敗品、未完成品と考
えることもできる。このようなことから、石核に類似したものを石核
素材と呼ぶ。この石核素材は板状を呈し、裁断という形容が相応しい
加工による垂直に近い複数の割れ面をもつ。これに対応するように剥
片も打撃の力が素直に抜けずに、末端が垂直に近い割れ面をもつもの
が多い。意図的な剥片剥離の欠如と合わせて、このような石核素材、
剥片の形状は、石核素材に対し頻繁な分割の行われたことを示すもの
である。サヌカイトの石理（目）に直交する分割打撃が打面の反対面
に石理に従った剥片の剥落を引き起こすからである（写真37）。剥片
には打撃痕は付かないのである。

　この時期の金山での石器生産は石核の製作段階で終了し、石核から
の剥片製作、剥片からの石器の完成は消費地で行われたことになる。
同期の消費地での石器生産関連遺物の展開と矛盾しない。注目すべき
は流通の対象が石核及び石核素材（原石）に限定されることである。
剥片の生産・流通は、金山での石器生産活動に剥片製作を付加する分、
消費地域での全生産労働以上に相当する量を要求する。石核に限定さ
れる生産は省力を図るものであることから、金山での石器生産と搬出
が消費地域の全集団ではなく、特定の集団によって担われたことを示
すものである。そしてそれ故この石核の流通は特定集団による地域社
会における分配、あるいは交換のシステムを必要とするものであっ
た。金山における石核の頻繁な分割は、地域社会における分配、交換

写真30　南1地点周辺撹乱土出土翼状剥片（51.6g 左）と盤状石核（105.5g 右）（上段裏 下段表）

写真31　南1地点第2層盤状石核（2882.8g　表）

写真32　南1地点盤状石核（厚5.6〜2.6cm　裏）

写真33　東1地点出土ハンマー（ 左1336.9 g 右1342.1 g ）

写真34　東2地点第5層土器片（幅3.8cm　厚0.7cm）

写真35　分割打撃痕（割れ円錐−矢印）

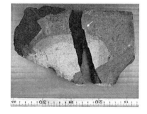

写真36　分割（矢印は打撃点）

写真37　分割打撃（矢印は打撃点、左右の剥片は反対面から剥落したもの）

　のシステムに連動する石核の規格化、単位化であったことも想定されるのである。しかし、規格、単位の存在は、石器消費地と原産地間の比較と、それぞれにおける石核の統計的処理が必要である。規格化、単位化の問題は現状では推測の領域にある。また、石核の分割に関連する問題として、分割打撃の痕が認められないことが上げられる。基本的問題である。実験では石核の端部に強い打撃を加えると、打撃部分が欠損することがある。この場合は打撃痕が残らない。また四方に分割の亀裂が走る場合は、打撃痕が不明瞭になるようである。この問

題は石器製作技術の面から追求する必要がある。

　なお、当該期の金山での石器生産には打製石斧の製作が知られる。サヌカイト礫と板状石核の両方から完成品まで製作される。打製石斧には消費地も含めて特別の生産体制が構築されていたようである。ただサヌカイト製打製石斧の使用は地域が限られている。香川県下と、岡山県下児島を中心とする島嶼及びその外周、金山から50ｋｍの範囲である。それ以遠の地域では高知県西南部の宿毛遺跡（貝塚）、徳島市三谷遺跡（貝塚）、島根県奥出雲町遺跡群が知られるばかりである。特別の生産体制と流通体制の結合は消費地域毎に金山での石器生産と金山からの流通に特別の集団が結成されたことを示すだけでなく、金山に消費地分の石器生産労働量が投下されていることは、50ｋｍ圏内の岡山県域と香川県域には、大きい生産集団と大きい流通網（分配、交換圏）、小さい生産集団と小さい流通網（分配、交換圏）の両方が想定されるのである。

③　縄文時代末期以前

　当該期の金山での石器生産は調査地に限っていうと、縄文時代末期・弥生時代前期に比較して低調である。出土遺物も少なく、その内容は明らかではないが、東２地点第５層下半部の遺物からは、板状石核の生産、剥片の生産、石器の生産まで行ったことが知られる。石材

写真38　金山遺跡東２地点発掘調査風景

写真39　金山から瀬戸大橋を見る（中央の江尻川が入り江痕跡）

　の獲得・石器の製作の体制が地域社会によって構築されるのではなく、個々の生活集団の組織そのものであるという旧石器時代的石器生産体制が想定されるのである。当該期が定住生活に不可欠の流通がなお未発達の段階であったことも考えられるのである。

Ⅳ　おわりに（研究課題）

　本調査の目的は、金山産サヌカイトの原産地における石器生産活動を復元し、その特質をもって広域性の理由を検討することに求められた。調査結果に明らかなように各時代の石器生産活動の復元は、精緻さを問わなければ、一応の成果を得た。しかし広域性の検討は未着手である。調査成果と広域性の密接な関係は、石核の分割に求められる。分割は石器流通を前提とし、広域性は流通の顕著な形態であるからである。石核分割が石核の規格化、単位化を目的としたものか、これについて明確な結論を得なければならない。

執筆者紹介（執筆順）

稲田　道彦　香川大学経済学部教授

室井　研二　香川大学教育学部准教授

村越　友香　香川大学大学院経済学研究科修士課程学生

金　　徳謙　香川大学経済学部准教授

大賀　睦夫　香川大学経済学部教授

岡田　佳奈　香川大学経済学部学生

北出　聖治　香川大学経済学部学生

久保　由希乃　香川大学経済学部学生

武市　佳久　香川大学経済学部学生

津田　裕太　香川大学経済学部学生

徳島　　也　香川大学経済学部学生

西山　優樹　香川大学経済学部学生

野口　浩輝　香川大学経済学部学生

浜西　実咲　香川大学経済学部学生

水野　晃浩　香川大学経済学部学生

宮内　崇匡　香川大学経済学部学生

丹羽　佑一　香川大学経済学部教授

瀬戸内圏の地域文化発見と観光資源創造

2010年3月31日　初版
2020年8月24日　再版

編集　香川大学瀬戸内圏研究センター
　　　〒761-8521　香川県高松市幸町1－1

発行　株式会社　美巧社
　　　〒760-0063　香川県高松市多賀町1－8－10
　　　TEL 087-833-5811　FAX 087-835-7570

ISBN978-4-86387-124-3　C1126